Alternative
Konzepte 60

Schriftenreihe der
Georg Michael Pfaff Gedächtnisstiftung

Francis Chaboussou

Pflanzengesundheit und ihre Beeinträchtigung

Die Schädigung durch synthetische Dünge- und Pflanzenbehandlungsmittel

Verlag C. F. Müller Karlsruhe

Recycling-Papier — ein Beitrag zum aktiven Umweltschutz

Die Originalausgabe erschien unter dem Titel:
„Santé des Cultures“
une Révolution Agronomique

Autor: Francis Chaboussou

ISBN 2-7066-0150-7

CIP-Kurztitelaufnahme der Deutschen Bibliothek

Francis Chaboussou:
Pflanzengesundheit und ihre Beeinträchtigung
Die Schädigung durch synthetische Dünge- und Pflanzenbehandlungsmittel
Bearb. von Gerhardt Preuschen. Aus d. Franz. von Georges Bray und Brigitte Kohl
Karlsruhe: Müller, 1987
(Alternative Konzepte; 60)
ISBN 3-7880-9741-8

NE: Preuschen, Gerhardt [Bearb.]

Gesamtherstellung:
Rohr-Druck-Hildebrand GmbH, Kaiserslautern

Inhalt

Kapitel 3
Einfluß der Pestizide auf die Physiologie der Pflanze
Folgen für die Widerstandsfähigkeit gegenüber Parasiten

Zweiter Teil:
Nährstoffmangel und parasitäre Krankheiten

Kapitel 4
Das Scheitern der Pestizide im Obst- und Weinbau
Bakterienbefall und Pflanzenphysiologie

Kapitel 5
Viruskrankheiten

Dritter Teil:
Landwirtschaftliche Anbauverfahren und Pflanzengesundheit

Kapitel 7
Gesundheitszustand als Folge der Kulturverfahren

Kapitel 8
Ausgleich von Nährstoffmangel und Förderung des Eiweißaufbaus als Gesundheitsvorsorge

Anhang

Einführung für die deutschsprachigen Leser

Die Stiftung Ökologischer Landbau hat die Arbeiten von Professor FRANCIS CHABOUSSOU mit großer Aufmerksamkeit verfolgt. Nach einem Seminarvortrag hat JEAN PIERRE FRICK (Rouffach) eine zusammenfassende Darstellung in der Zeitschrift für ökologische Landwirtschaft (ifoam Nr. 46/1983) veröffentlicht, die den Wunsch nach einem vollkommenen Überblick über das Werk CHABOUSSOUS dringend machte. Glücklicherweise hat dann CHABOUSSOU ein Jahr vor seinem Ableben 1985 sein Lebenswerk in einem Buch mit dem Titel „Santé des cultures — une révolution agronomique" umfassend dargestellt. Frau DAGGI KIEFFER gebührt das Verdienst, die Stiftung Ökologischer Landbau — unterstützt von der Schweißfurth-Stiftung — bewogen zu haben, eine deutsche Ausgabe herauszubringen.

Das große Problem der Übersetzung, vor allem der schwierigen Fachausdrücke wurde von Dipl.-Ing. agr. GEORGES BRAY in monatelanger Arbeit in hervorragender Weise bewältigt. Wir sind ihm und BRIGITTE KOHL, die zwei Abschnitte übersetzt hat, zu großem Dank verpflichtet. Leider ist aber auch die deutsche Fachsprache für die nicht akademisch gebildeten Leser oft unverständlich — aber auch für die in der Landwirtschaft und im Gartenbau Tätigen ist die deutsche Ausgabe gedacht. Ich habe mich bei der Überarbeitung bemüht, möglichst viele Fach- und Fremdwörter ins Deutsche zu übersetzen — einige wenige unübersetzbare sind in einer Liste erläutert.

Die deutschen Fachkollegen werden diese Übersetzungen natürlich als unwissenschaftlich abtun. Ich kann sie aber trösten — in dem Original sind sie, wenn auch französisch, zu finden.

Das besondere Verdienst CHABOUSSOUS besteht darin, daß er Krankheit als eine Störung des natürlichen Lebens erkennt, die sich in einer Änderung der Lebensabläufe zeigt. Als Ergebnis der Gesundheit und damit der Widerstandskraft der Pflanze erscheint ihm der vollkommene Eiweißaufbau im Pflanzenkörper — Eiweißabbau oder Ansammlung von unverarbeiteten Eiweißbausteinen läßt Schadorganismen jeder Art wachsen. An diesen Abbauerscheinungen weist er aber auch nach, daß alle synthetischen Stoffe, gleich ob sie Dünger oder Pflanzenschutzmittel sein sollen, mehr Schaden als Nutzen stiften und damit die

Schuld an dem tödlichen Wettlauf zwischen Chemie und Krankheit tragen.
Dieses Ergebnis ist um so erstaunlicher, aber auch beweiskräftiger, als CHABOUSSOU noch von der Mineralstofftheorie in der Pflanzenernährung ausgeht, und alle seine Versuche, wie die seiner Gewährsmänner, mit den Methoden der konventionellen Wissenschaft angestellt wurden. Es gibt also schlechterdings keine Möglichkeit, seine Ergebnisse von dieser Seite anzuzweifeln.
So bietet dieses Buch eine wertvolle Hilfe für den ökologischen Landbau und allen seinen Anhängern die Sicherheit, daß sie auf dem ökologischen Weg über den gesunden Boden ihr Ziel „gesunde Pflanzen — gesunde Tiere — gesunde Menschen" erreichen werden.

Kaiserslautern, Sommer 1987

Gerhardt Preuschen

Vorwort

„Er liest es noch einmal, bleibt bei seiner Meinung und unterzeichnet“

Man erzählt sich, daß irgendein Theaterkritiker des vorigen Jahrhunderts nie seinen Fuß in ein Theater gesetzt habe, weil er um seine Objektivität fürchtete. „Wenn ich der Aufführung beiwohnen würde“, so erklärt er, „könnte ich ja Gefahr laufen, von dem Stück beeinflußt zu werden.“ Nun ist ein solches Verhalten gar nicht so selten, wie man meinen könnte. Wir selbst sind auch unschuldige Opfer solchen Verhaltens einiger unserer Kritiker geworden, die unsere Bücher nur oberflächlich oder gar nicht gelesen haben. Insbesondere sind Kritiker mit unserer Theorie von der *Trophobiose* nicht einverstanden. Deshalb soll deren Definition aus einer früheren Veröffentlichung hier noch einmal wiederholt werden.

„Wir schlagen den Begriff Trophobiose vor, um folgende Tatsache auszudrücken: jeder Lebensvorgang befindet sich in enger Abhängigkeit von der Erfüllung der Ernährungsbedürfnisse der Lebewesen.

Bezogen auf die Landwirtschaft bedeutet es, daß die Anfälligkeit einer Wirtspflanze gegenüber einem Krankheitserreger oder einem Schädling von dem Nährstoffangebot abhängt, das der Parasit bei der Pflanze vorfindet.“

„Das Wort Trophobiose ist schon von ESCHERICH gewählt worden, um die ernährungsgebundenen Beziehungen zwischen Ameisen auf der einen Seite und Blattläusen auf der anderen Seite zu bezeichnen. Nach Absprache mit ESCHERICH meinen wir, daß der Begriff auf die allgemeine Gesetzmäßigkeit erweitert werden kann.“

Der Vorwurf der Kritiker, unbegründet und aus welchen Beweggründen auch immer stammend, unsere Beispiele würden mit dieser Theorie nicht übereinstimmen, konnte uns nur zu einer zweiten „Reflexion“ über unsere Theorie und zu ihrer Vertiefung anregen, was sich in diesem Buch niedergeschlagen hat. Wir werden nun dem Leser einen „roten Faden“ durch dieses Buch an die Hand geben. Das Werk besteht aus drei Teilen.

I. „Pestizide und biologische Ungleichgewichte“

Die Kürze des ersten Kapitels ist beabsichtigt. Um so deutlicher soll die schwere Verantwortung hervorstechen, die durch die Herstellung der synthetischen Schädlingsbekämpfungsmittel für das Anwachsen von Krankheiten und die Verbreitung von Schädlingen entstanden ist. Das gilt besonders für das Überhandnehmen von Schädlingen und neuen pathogenen Erscheinungen. Da sind z. B. die Blattflöhe, die Milben, zahlreiche Krankheiten beim Getreide — darunter Viruserkrankungen — das Absterben von Rebstöcken und Obstbäumen und deren Virosen.

Nun liegt unserer Ansicht nach ein solches „biologisches Ungleichgewicht“ bei weitem nicht nur an einer eventuellen Zerstörung der „natürlichen Feinde“, sondern durchaus an der Beeinträchtigung des Ernährungshaushaltes, d. h. des biologischen Zustands der Pflanze, der durch das Eindringen der neuen, synthetisch hergestellten Pestizide verändert wird. Dies schließlich führt uns zu der grundlegenden Schlußfolgerung, daß die Beziehung zwischen Pflanze und Parasit sich vor allem im Bereich der Ernährung abspielt. Dies ist, in Kürze, die Theorie der Trophobiose. In ihr ist auch die Widerstandskraft der Pflanze in Abhängigkeit von der eventuellen Anwesenheit toxischer oder schädlingsabwehrender Substanzen (den Phytoalexinen) enthalten. Nach der Trophobiosetheorie ist die Pflanze tatsächlich in dem Maße immun, in dem ihr die für die Entwicklung des Parasiten notwendigen Nährsubstanzen fehlen. Es handelt sich also um einen Abschreckungseffekt und nicht um eine Vergiftung.

Im übrigen scheint sich unsere Theorie gut in die Art der Beziehung zwischen Pflanze und Schmarotzer einzufügen, die von unterschiedlichen Faktoren, wie z. B. den genetischen, also der arteigenen Widerstandskraft, dem physiologischen Zyklus der Pflanze, z. B. der Blütezeit, dem Fotoperiodismus, dem Klima, der Bodenbeschaffenheit, der Düngung, der Art der Veredelungsunterlage und schließlich der Auswirkung von Pestiziden auf die Physiologie der Pflanze abhängt.

Der Abwehrprozeß, oder, im Gegenteil dazu, die Empfindlichkeit in Abhängigkeit von der Ernährung hängt mit allen diesen Faktoren zusammen. Von besonderer Bedeutung ist der Gehalt an löslichen Substanzen. Vermehrter Eiweißabbau (Proteolyse) steht im Zu-

sammenhang mit Erkrankung, während umgekehrt die Abwehrkraft mit einem gesteigerten Eiweißaufbau (Proteinsynthese) in Beziehung steht.
So liegt also die derzeitige vermehrte Entwicklung von Schädlingen und Krankheiten im eigentlichen Sinn in den Techniken des sogenannten „intensiven“ Ackerbaus begründet. Dieser Ausdruck umfaßt die immer häufigere Anwendung von synthetisch hergestellten Schädlingsbekämpfungsmitteln und Kunstdüngern, vor allem von den mit Stickstoff angereicherten, die eine Hemmung der Eiweißbildung bewirken.
Diese Sensibilisierung als unmittelbare Folge der Anwendung von Pestiziden kann auch darauf beruhen, daß verschiedene Mangelerscheinungen hervorgerufen werden, was im II. Teil behandelt wird.

II. „Nährstoffmangel und parasitäre Erkrankungen“

Dieser zweite Teil umfaßt vier wichtige Kapitel, von denen zwei den Viruserkrankungen gewidmet sind, jenen „heimtückischen“ und „geheimnisvollen“ Krankheiten — und dies nicht nur in den Augen der Landwirte, sondern auch in denen der Forscher selbst. Da allgemeine Umweltfaktoren keinen besonderen Einfluß auf die Erkrankung zu haben scheinen, bildet wieder der physiologische Zustand, in dem sich die Pflanze befindet, die Hauptursache. Die Ansteckung und damit auch die Krankheitsüberträger scheinen nur sekundär von Bedeutung zu sein. Dies ist eine Erkenntnis, die die derzeitigen Pflanzenschutzmaßnahmen ziemlich durcheinander bringen wird, vor allem, wenn man die indirekten Auswirkungen der Schädlingsbekämpfungsmittel auf die zu schützende Pflanze hinzunimmt.
Kurz, sowohl was bakterielle Erkrankungen als auch Viruskrankheiten — die, wie man weiß, sehr nah beieinander liegen — betrifft, so ist es nicht ein Ergebnis des Zufalls, sondern sehr wohl das von Ursache und Wirkung, daß man ihre Symptome mit denen von Mangelerscheinungen „verwechseln“ könnte. So scheint der Übergang von pflanzlichen Heilmitteln, einschließlich des vorübergehenden Gebrauchs rein mineralischer Produkte (Kupfer, Schwefel) zu synthetischen Pestiziden das jüngste und zunächst unverständliche Auftreten der verschiedenen, namentlich bakteriellen und Viruskrankheiten zu erklären.

Deshalb haben wir auch die Arbeit unseres hervorragenden Kollegen CONSTANTIN VAGO ausführlich herangezogen. Wir wagen zu hoffen, daß man sie mit Interesse zur Kenntnis nehmen wird und daß sie wichtiges Material zum Nachdenken liefert. Vor allem kann man sich aufgrund von VAGOS Forschungsarbeit die Frage stellen, ob es nicht eine allgemein, sowohl für die Tierwelt, als auch für die Pflanzenwelt gültige Regel geben könnte, die das Phänomen „Krankheit" auf dieselbe Weise erklärt. Tatsächlich hat VAGO hinsichtlich des Auftretens von Viruserkrankungen bei Insekten die zwei Faktoren aufgezeigt, die zu Stoffwechselstörungen führen, welche dann selbst am Beginn der Krankheit stehen: es handelt sich, wie bei Pflanzen, um unzureichende Ernährung und Vergiftungen.

III. „Landwirtschaftliche Anbauverfahren und Pflanzengesundheit"

Auf der Grundlage der Trophobiosetheorie werden Resultate über die Anregung der Eiweißbildung vorgelegt. Auf verschiedene Formen landwirtschaftlicher Techniken wird hingewiesen. Im Vordergrund steht eine ausgewogene Düngung. Leider ist diese oft gebrauchte Formulierung noch nicht genauer definiert worden. Sie müßte ja Mangelerscheinungen verhindern oder beheben. Natürlich muß eine solche Therapie auf einer tiefgehenden Kenntnis von der Physiologie der Pflanze und besonders von der Rolle, die die verschiedenen Elemente, vor allem die Spurenelemente spielen, aufbauen. Trotz aller Wissensmängel gibt es ermutigende Resultate.
Wenn einige dieser Resultate auf der versuchsmäßigen Anwendung der Prinzipien der Trophobiose beruhen, dann kann man mit Recht hoffen, daß sich diese Therapie als noch wirksamer erweisen wird, sobald man sie in ganzer Sachkenntnis anwendet.

Balizac, 20. Juli 1984

Francis Chaboussou

Geleitwort

Getrieben von einem unstillbaren Wissensdurst, der anscheinend der wichtigste Charakterzug eines Forschergeistes sein muß, führt uns FRANCIS CHABOUSSOU an die Grenzen agrarwissenschaftlicher Erkenntnisse, in jenen Bereich des „Intertechnischen" und „Interspezifischen", in dem er zuhause ist. Bei dieser Gelegenheit muß angemerkt werden, daß die Forschungsstätten des agrarwissenschaftlichen Bereichs noch nicht am Ende ihrer Entwicklung sind. Ihr Zuwachs mag manchem übertrieben vorkommen, doch das Fachgebiet ist unbegrenzt, unerschöpflich, wenn man ihm den Bereich „Landwirtschaft, Ernährung, Gesundheit" zurechnet.

Die Agrarwissenschaft ist nicht alt, sie besteht noch nicht einmal seit zwei Jahrhunderten; doch der Empirismus, der in den vergangenen Jahrtausenden vorherrschte, ist noch nicht ganz verstrichen. In den Grundlagenwissenschaften baut jeder Fortschritt auf einem empirischen Hintergrund unterschiedlichster Einflüsse und Richtungen — und dies geht nicht ohne Schmerz und ohne Polemik vonstatten! Der Einbruch der modernen Wissenschaft in die landwirtschaftliche Welt vollzieht sich Schritt für Schritt, es sei denn, ein dramatisches Ereignis zwingt zu schnellem Handeln. Deshalb hat hier wie im medizinischen Bereich die Erforschung der Krankheit mehr Gewicht als die der Gesundheit: Gesundheit des Bodens, der Pflanzen, der Tiere ... Was wichtig ist, sollte eingehend studiert werden; doch die Mittel, das Personal und auch die fähigen Köpfe werden von den Themen eingenommen, die die Dringlichkeit vorschreibt.

So gelangt man heute zu der Ansicht, daß es in der Welt der Agrarwissenschaften an der übergeordneten Denkweise eines CLAUDE BERNARD fehlt. Dessen Philosophie prägt die Vorgehensweise von FRANCIS CHABOUSSOU und inspirierte einen seiner Vorgänger auf dem Gebiet der Pflanzenschädlinge. Die Rede ist von BERNARD TROUVELOT, der zur Zeit der Ausbreitung des Kartoffelkäfers, als seine Kollegen nur die Rettung der Ernten im Sinn hatten, Bedenken anmeldete. Die chemische Industrie wartete mit Giften auf, die einerseits erstklassige Bekämpfungserfolge ermöglichten, andererseits aber Probleme in bezug auf die Verbreitung der Wirkstoffe in der natürlichen Umwelt aufwarfen. Nachdem sie ihre Aufgabe erfüllt hatten, verloren die giftigen Moleküle keineswegs ihre Wirkung, sondern verbreiteten sich nach Lust und Laune! Jene Zeit wird in der Geschichte der Naturwissenschaften gewiß in Erinnerung bleiben als die Epoche, in der man gegen die *unkontrollierte Verbreitung von Keimen* zu Felde zog und sie schließlich auch in den Griff bekam (Kampf und Sieg über die Infektionskrankheiten) und in der man unfreiwillig die *unkontrollierte Verbreitung von Molekülen* in Gang brachte. Der Ironiker vom Dienst würde hinzufügen: „und was ist mit der unkontrollierten Verbreitung von Gedanken?"

Aus diesem Anfang muß eine Lehre gezogen werden: Im Notfall, bei offensichtlicher Gefahr, die man möglichst gering halten muß, ist der Landwirt auf Giftstoffe angewiesen, denn die Ernte geht vor *). Doch verlieren diese Stoffe ihre Eigenschaften, nachdem sie ihren Zweck erfüllt haben? Verändern sie nicht etwa die Physiologie des Bodens, der sie aufgenommen hat, und der Pflanzen, die von ihrem Schutz profitiert haben? Und was hält schließlich der menschliche Organismus davon? Diese Debatte ist von brennender Aktualität, denn sie nährt zahlreiche Polemiken, von denen einige nicht ausschließlich von wissenschaftlicher Objektivität geprägt sind!

Vor diesem Hintergrund tritt FRANCIS CHABOUSSOU mit einer Vorgehensweise auf, die die Erforschung der Beziehungen zwischen Pflanzen und ihren Parasiten erneuert. Pestizide wirken nicht nur auf den Stoffwechsel des Parasiten ein, sondern auch auf den der Wirtspflanze — das zwingt zum Nachdenken und vielleicht auch zum Handeln. Gewiß, der Gebrauchswert der Nahrungsmittel steht für die betroffene Bevölkerung an erster Stelle; man achtet so gut wie möglich darauf, daß die Produkte keine Rückstände von den Pestiziden aufweisen, die sie vor Parasiten bewahrt haben. Gewiß, die Wirtschaft achtet auf eine nicht allzu großzügige Anwendung, aber übt die Suche nach dem wirksamen Schutz der Ernte nicht einen entgegengesetzten Druck aus?

Hinzu kommt folgende Feststellung aus der Praxis: Je mehr behandelt wird, um so mehr treten neue Parasiten, neue Feinde an Stelle der

---

*) Anmerkung des Herausgebers: Die Praxis des ökologischen Landbaus beweist in der Bundesrepublik Deutschland seit Jahrzehnten, daß es generell gelingt ohne chemisch-synthetische Giftstoffe, ausreichende Ernten zu sichern — auch „im Notfall".

Besiegten auf. Diese Neuankömmlinge beunruhigen, ziehen weitere Giftbehandlungen nach sich, und eine endlose Kette von Schädlingsbekämpfungsmaßnahmen rollt ab, zum großen Schaden der produzierenden wie der konsumierenden Bevölkerung.
Muß man nicht wie FRANCIS CHABOUSSOU einen neuen Weg einschlagen? Einen, der alle Ernährungswissenschaftler dazu bringt, den Zusammenhang zwischen „Landwirtschaft, Ernährung und Gesundheit“ in ihre Überlegungen einzubeziehen? Einen der es erlaubt, mit neuen Begriffen *die Methoden des biologischen Landbaus* vorzuschlagen? Mit ihrer Hilfe könnte der Einsatz von Wirkstoffen begrenzt werden, die sich nach dem gewünschten Effekt unkontrolliert ausbreiten.

Jean Keilling
(Mitglied der Académie d’Agriculture)

ERSTER TEIL:

PESTIZIDE UND BIOLOGISCHE UNGLEICHGEWICHTE

„Die Sorgen um die Erhaltung der Umwelt führen heute dazu, den Einsatz von Pestiziden so weit wie möglich zu reduzieren. Es wäre widersinnig, die Verwendung dieser Stoffe auf erhebliche Teile des Landes auszuweiten, wo sie bisher noch nie benutzt wurden. Wir werden möglicherweise früher oder später einen sehr hohen Preis für die kurzzeitige Erhöhung des Ertrages in einigen besonderen Gebieten zahlen müssen."

Emile Biliotti
(ehemaliger Generalinspekteur des staatlichen Instituts für Agrarforschung (INRA) zum Thema des Pflanzenschutzes im Getreidebau [Phytoma, 272 [1975], S. 21–23])

Kapitel 1
Die Zunahme von Krankheiten und tierischen Schädlingen als Folge des Pestizideinsatzes

1.1. Grundlegende Fragen zum Thema Pflanzengesundheit

Die Verbreitung der synthetischen Pestizide hat neue Probleme auf dem Gebiet des Pflanzenschutzes mit sich gebracht. So z. B. im Falle der Milben: Nach der Spezialistin ATHIAS-HENRIOT (1959) sind sie erst 1945 zu wichtigen landwirtschaftlichen Schädlingen geworden. Das gleiche gilt für die Apfelblattsauger, die wie die Milben in keinem älteren Werk über Agrarzoologie erwähnt werden, heute aber das Thema ganzer Symposien liefern.

In diesem Rahmen können auch Nematoden, Läuse und sogar Schmetterlinge und Käfer genannt werden — doch auf diese Tiergruppen soll später eingegangen werden. Die neue wichtige Tatsache besteht in dem Staunen der Phytopathologen (Pflanzenmediziner), wenn sie mit den zahlreichen Krankheitsfällen konfrontiert werden, die sich nicht mit den üblichen Gründen erklären lassen.

So fragte eine Pflanzenschutzmittelfirma im Zusammenhang mit den ständig steigenden Getreidekrankheiten und der Erscheinung neuer schädlicher Viren: „Warum üben all diese katastrophalen Krankheiten nur diesen dauernden ungeheuren Druck auf den Getreidebau aus? Gibt es aus diesem Teufelskreis keinen Ausweg?“

Die gleiche Firma behauptet weiter: „Wenn bestimmte Krankheiten so schnell zu Schäden solchen Ausmaßes führten, dann ist das nicht mehr allein mit natürlichen und klimatischen Ursachen zu erklären“ (Werbeschrift der Firma Procida).

Damit ist das Problem so gut umschrieben, weshalb wir diese treffende Bemerkung unverändert übernehmen wollen. In der Tat eine gute Frage, die leider — vorsichtigerweise? — aus späteren Werbeschriften verschwunden ist. In dem Kapitel über den Getreidebau wollen wir auf sie zurückkommen. Zu den Viruskrankheiten im Gemüsebau soll folgende Aussage eines Fachmannes zitiert werden:

„Seitdem die Gemüsebauer mit den wichtigsten Schädlingen ihrer Kulturen vertraut sind und über wirkungsvolle Fungizide verfügen, haben die Viruskrankheiten eine übergeordnete Stellung eingenommen. Weil ihre Herkunft geheimnisvoll erscheint und ihre Ausbreitung unsichtbar verläuft, sind Virosen gefürchtete Krankheiten" (MARROU, 1969). Zur Feststellung von MARROU sei hier noch angemerkt, daß es sich bei den von ihm genannten „wirkungsvollen" Fungiziden um die neuen snythetischen Mittel handelt: Erstens läßt sich über deren Wirksamkeit streiten und zweitens bringen sie erhebliche Nachteile mit sich.

1.2. Pestizide sind an „biologischen Störungen" direkt beteiligt

Zahlreiche Forscher, die unsere Trophobiosetheorie nicht kennen oder nicht kennen wollen, suchen nach Erklärungen für die „biologischen Störungen", wie z. B. Übervermehrung tierischer Schädlinge und Ausbreitung von Pilz-, Bakterien- oder Viruskrankheiten.
Doch unter dem Druck der Tatsachen mußte auch amtlicherseits auf die sogenannten „sekundären Auswirkungen landwirtschaftlicher Schädlingsbekämpfungsmittel" eingegangen werden. So wurde in Frankreich eine Gruppe von Vertretern der INRA (Staatliches Institut für Landwirtschaftliche Forschung) und der Pflanzenschutzbranche gebildet, die in regelmäßigen Abständen eine Liste der „Nachteile" von diesem oder jenem Stoff gegenüber diesem oder jenem Schädling erstellt. Bei diesen Produkten handelt es sich meist um künstliche Pestizide.
Das hierbei benützte Vokabular verdient eine nähere Betrachtung: Wenn die „sekundären Auswirkungen" in der Entwicklung tierischer Schädlinge (Milben, Schild- und Blattläuse) bestehen, dann spricht man von „Vermehrung". Wenn es sich aber um die Steigerung der Schäden durch Krankheiten handelt (echter und falscher Mehltau, Botrytis, Apfel- und Birnenschorf usw.), ist von einer „Resistenz" des Krankheitserregers gegenüber dem untersuchten Stoff die Rede.
Dabei fällt die Tatsache sofort auf, daß die unterschiedlichen Ausdrücke zur Bezeichnung einerseits der tierischen und andererseits der pflanzlichen Variante der „biologischen Störung" mehr in den vorgefaßten Erklärungen als in der Natur der Sache liegen.
So ist die übliche, ja klassische Erklärung für die Ausbreitung tierischer Schädlinge nach der Anwendung von diesem oder jenem Vertilgungsmittel die, daß man diesen Mitteln großzügigerweise auch die Vernichtung natürlicher Feinde zuschreibt: die Vermehrung des Schädlings wird dann nicht mehr durch Räuber und Parasiten gebremst. Eine solche

Erklärung berücksichtigt aber weder unsere Untersuchungen über die Förderung von Milben durch verschiedene Bekämpfungsmittel (CHABOUSSOU, 1969, und andere), noch die Erkenntnisse über den Zusammenhang zwischen Pestizidanwendungen und Lausplagen (MICHEL, 1966; SMIRNOVA, 1965, und andere).

Diese Arbeiten widerlegen zwar nicht einen gewissen schädlichen Einfluß verschiedener Pflanzenschutzmittel auf die natürlichen Feinde, sie zeigen aber eindeutig, daß die Übervermehrung vor allem auf eine Erhöhung der Lebenskraft der mit behandelten Blättern ernährten Tiere zurückzuführen ist. Bei den Milben werden z. B. Fruchtbarkeit, Vermehrungsrate, Lebenserwartung und Anzahl der Weibchen erhöht.

Im übrigen werden Milben durch zahlreiche Mittel gefördert, die für ihre Feinde unschädlich sind. Ja sogar auf Böden, die mit chlorierten Bodenbehandlungsmitteln „desinfiziert“ wurden, werden Kartoffeln von Milben verstärkt befallen.

Was die Zunahme bisher bekannter und die Erscheinung neuer Krankheiten betrifft, so läßt sie sich auch nicht durch die Vernichtung bakterieller Gegenspieler erklären, denn solche Organismen sind sehr selten. Man spricht deshalb von einer „Resistenz“ gegenüber den betreffenden Pflanzenschutzmitteln, ohne dies wirklich bewiesen zu haben. Dabei handelt es sich wahrscheinlich um eine „Vermehrung“: sie wird wie bei den Tieren durch die Ernährung verursacht und durch die Schwächung der Pflanze ausgelöst. Denn alle Behandlungsstoffe, ob nun Herbizide, Insektizide oder Mittel gegen Pilzkrankheiten haben eine Wirkung auf die Physiologie der Pflanze, vor allem wenn sie mehrmals angewendet werden. Die Förderung von Krankheiten kann auch durch das Herausselektieren resistenter Stämme bedingt sein.

Wir selbst zeigten, daß die Behandlung von Rebstöcken mit verschiedenen Thiocarbamaten (Zineb, Maneb, Propineb) eine nachweisbare Erhöhung des Befalls durch echten Mehltau im Vergleich zur Behandlung mit reinem Wasser bringt (CHABOUSSOU, 1967 und 1968). Auch VANEV und CELEBIEV (1974) sind zu den gleichen Ergebnissen gekommen; nämlich daß Zineb die Ausbreitung von echtem Mehltau (Uncinula necator) und Grauschimmel (Botrytis cinerea) auf Reben fördert (Abb. 1).

Es ist auch nur logisch, wenn die pflanzliche und zoologische Seite der durch Pflanzenschutzmittel bedingten „biologischen Störungen“ auf Ursachen gleicher Art zurückzuführen sind.

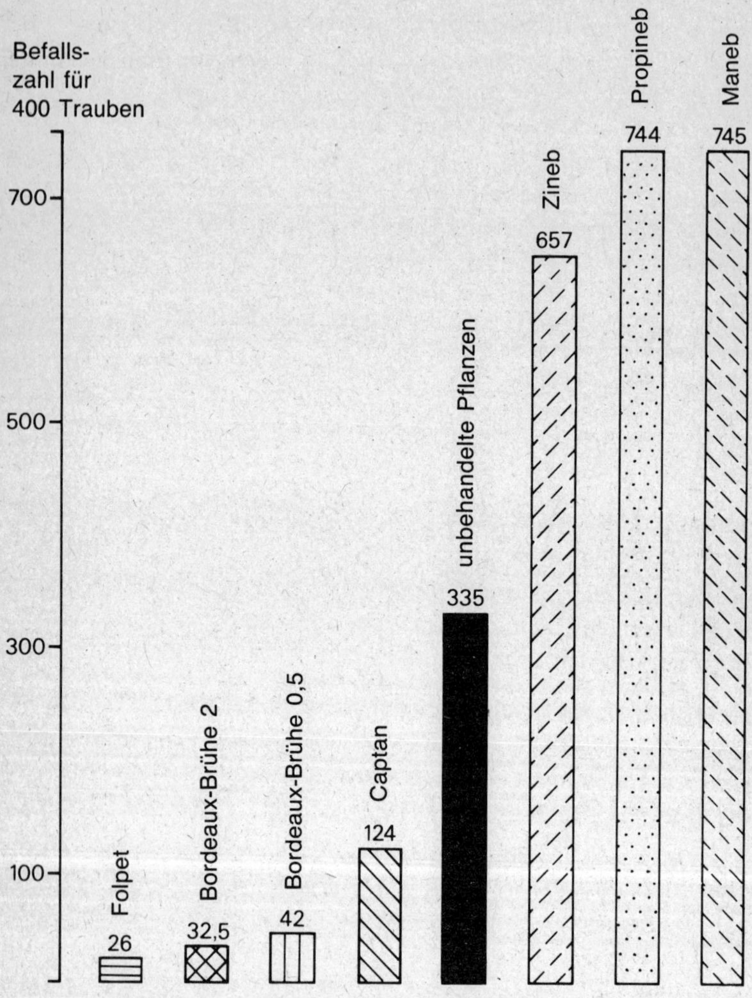

Abb. 1: Befallszahlen von Reben mit Echtem Mehltau (Uncinula necator) in Abhängigkeit der Behandlung mit verschiedenen Fungiziden, die gegen Falschen Mehltau (Plasmopara viticola) eingesetzt werden
Rebensorte: Cabernet-Sauvignon

Captan z. B. fördert gleichermaßen Milben und Mehltaupilze am Apfel sowie die Bakterienkrankheit Wurzelkropf an Kirsche (DEEP und YOUNG, 1965) — dafür schont es die Milbenfeinde. Die erwähnten Autoren weisen im übrigen darauf hin, daß ihre Ergebnisse nicht mit der Gegenspieler-Theorie übereinstimmen. Sie vermuten, daß andere Faktoren zumindest teilweise für das Anwachsen des Wurzelkropfes verantwortlich sind. Auch hier weist also alles darauf hin, daß die Ausbreitung des Oidiums und der Bakterienkrankheit durch den neuen Wuchs-Zustand der Pflanze begünstigt wird, welcher wiederum von Behandlungsmitteln hervorgerufen wird. Die Bakterienkrankheiten werden später noch eingehend behandelt werden.

1.3. Schlußfolgerungen

Natürlich wissen wir, daß unsere etwas revolutionäre Theorie über den Ursprung der schlimmen Nachteile der synthetischen Pestizide auf manchen Widerstand stoßen muß. Deshalb fühlten wir uns nach dem ersten Werk (CHABOUSSOU, 1980) verpflichtet, unsere Erkenntnisse in einem zweiten Buch erneut darzulegen — auch weil das erste von manchem kritisiert wurde, der es nicht gelesen hatte.

Nun sollen die Gründe für das Scheitern der künstlichen Pflanzenschutzmittel beleuchtet werden: Fungizide, Insektizide und besonders Herbizide besitzen eine Wirkung auf den Stoffwechsel der Pflanze, und diese Tatsache ist bisher in der klassischen Phytomedizin verdrängt worden. Das nächste Kapitel soll daher die Bedeutung der Umweltfaktoren für die Empfindlichkeit der Pflanze gegenüber ihren verschiedenen Schädlingen aufzeigen.

Kapitel 2
Die Beziehung zwischen Pflanze und Schädling

Die Theorie der Trophobiose

2.1. Einfluß der Umweltfaktoren auf die Widerstandsfähigkeit der Pflanzen

Der Wuchs-Zustand und die Widerstandskraft der Pflanze sind von den Umweltfaktoren abhängig. Hier soll eine Reihe solcher Faktoren näher betrachtet werden. Erstens, um die Beziehung zwischen Pflanze und Parasiten zu durchleuchten; zweitens um Gemeinsamkeiten aufzuzeigen.

2.1.1. Einfluß des Wachsstumszustands: Beispiel: Blühstadium

Auf die Kritik, daß unsere Theorie nicht erklären könne, „inwieweit die Blütenbildung das Verhalten einer Pflanze ändern kann“, schrieben wir schon früher: „Die empfindliche Zeit für den Befall entspricht dem Blühstadium. Dies stimmt mit unserer Trophobiosetheorie und den Überlegungen von DUFRENOY vollkommen überein. Zur Zeit der Blütenbildung stellen nämlich alle Blätter ihren Eiweißaufbau ein, ja sie führen sogar einen gewissen Abbau ihrer eigenen Eiweiße durch — und zwar mit dem Zweck, die Vermehrungsorgane mit löslichen Stoffen zu versorgen.“
Dazu noch an anderer Stelle: „Zur Zeit der Blütenbildung verlieren alle Blätter gleichzeitig ihr Aufbauvermögen und es findet ein gewisser Eiweißabbau statt. Wenn sie blüht — und mehr noch wenn sie junge Früchte trägt — ist die Pflanze also durch diesen Eiweißabbau geprägt und der Eiweißgehalt der voll ausgebildeten Blätter sinkt merklich“ und weiter: „Das Blühstadium bildet also für mehrjährige (aber auch für einjährige) Pflanzen eine erste empfindliche Zeit“.

2.1.2. Einfluß des Alters der Pflanzenorgane auf ihre Krankheitsanfälligkeit

Es sollen mehrere Beispiele herangezogen werden und somit verschiedene Pflanzen und Schadorganismen. Die Ergebnisse weisen alle in die gleiche Richtung bezüglich der Ursachen für die Empfindlichkeit oder Widerstandsfähigkeit.

Weinrebe und falscher Mehltau

Die Beziehungen zwischen Weinreben und den falschen Mehltaupilzen wurden von PANTANELLI (1921) besonders gut untersucht. Hier seine Ergebnisse:

Ein Befall durch falschen Mehltau setzt folgendes voraus:

1. das Keimen von Sporen;
2. die Anziehung der Zoosporen, und ihr Eindringen in die Spaltöffnungen.

Der Feuchtigkeitsgrad des Bodens übt, wie von PANTANELLI beobachtet, einen entscheidenden Einfluß auf die Öffnung der Spaltöffnungen aus; die Bildung von Kondenswasser auf den Blättern besitzt eine gegenteilige Wirkung. Daraus folgt, daß befallsfreundliche Bedingungen dann verwirklicht sind, wenn eine feuchte Nacht auf eine warmtrockene Zeit folgt.

Die Luftfeuchtigkeit bildet jedoch eine weitere wichtige Bedingung für den Befall und zwar, weil sie den Nährstoffaustausch im Blattgewebe beeinflußt. PANTANELLI untersuchte die Zusammensetzung der Blätter von Weinreben, die in Töpfen gezogen wurden. Ein Teil stand im Freien, der andere in einem Zimmer mit hoher Luftfeuchtigkeit. Die Kohlehydrate in den Blättern der Pflanzen, die im Zimmer standen, bestanden zum größten Teil aus löslichen Verbindungen und weniger aus Stärke; die Stärke wurde nachts fast vollständig abgebaut. Die Folge: der Anteil an Stickstoff- und Phosphorverbindungen war besonders hoch — ein Zustand, der die Keimung von Pilzsporen begünstigt.

Auch die Temperatur spielt hier eine Rolle, und zwar nicht nur direkt auf die Schadpilze, sondern auch indirekt über den Stoffwechsel des Blattes. Es ist bekannt, daß die Sporen besser keimen, wenn sie zuvor auf ca. 9 bis 10 °C herabgekühlt werden. Diese Abkühlung wirkt jedoch vor allem über das Blatt: Sie bewirkt eine Erhöhung des Anteils an Zucker im Vergleich zur ungelösten Stärke. Einen leichten Anstieg erfahren auch die Anteile an löslichem Stickstoff und löslichem Phosphor. Dieses Reaktionsverhalten der Pflanze erklärt auch, warum der Befall bevorzugt in den frühen Morgenstunden geschieht: Zu dieser

Tageszeit ist der höchste Lösungsgrad der Stärke und der höchste Abbaugrad der Eiweiße erreicht.

Kurz gesagt: Aus der Wirkungsart sowohl der Luftfeuchte als auch der Temperatur geht hervor, daß lösliche Nährstoffe für den Befall der Rebenblätter durch den falschen Mehltau eine wichtige Voraussetzung sind. Dies wird im übrigen durch die Untersuchung der Rolle des Blattalters bestätigt. So stellt PANTANELLI fest, daß

— die sehr jungen Blätter nicht infiziert werden, weil sie mehr Albumine und fast keine wasserlöslichen Stoffe enthalten.
— ältere und reife Blätter zwar infiziert werden; bei letzteren wächst das Pilzgeflecht jedoch kaum.

Aus diesen Beobachtungen kommt PANTANELLI zu folgendem Schluß: „Der Befall wird begünstigt durch einen hohen Anteil an Zucker im Verhältnis zur Stärke und an löslichen Stickstoff- und Phosphorverbindungen im Verhältnis zu den unlöslichen (Albumine, Nucleinsäuren, Proteide); freie organische Säuren scheinen keine Rolle zu spielen."

Dies bestätigt im allgemeinen die Ursache der Widerstandsfähigkeit reifer Blätter gegenüber Infektionen, und zwar durch ihren geringen Gehalt an freien Stickstoffverbindungen, da der größte Teil des Stickstoffs in den Eiweißen gebunden ist (MAC KEE, 1958).

PANTANELLI ging weiter und untersuchte das Verhalten der Zoosporen, die sich zu den Spaltöffnungen hin bewegen. Er stellte folgendes fest:

— Weder Glukose noch Saccharose ziehen die Zoosporen an. Peptone dagegen stark.
— Freie Säuren (Wein-, Apfel-, Citronen- und Oxalsäure) wirken abstoßend auf sie.
— Alkalische Salze, darunter Natriumkarbonat und Kaliumkarbonat sowie metallische Phosphorverbindungen wirken ebenfalls abstoßend.

Schließlich kommt PANTANELLI zu dem Schluß: „Die löslichen Stickstoff- und Phosphorverbindungen scheinen eine stärkere Anziehungskraft als die Zucker zu besitzen."

Da Kohlehydrate nicht flüchtig sind, ist es sehr gut möglich, daß es Amin- und Ätherverbindungen der Fettsäuren sind, sowie insbesondere Aminosäuren, die die Zoosporen anziehen.

Die Untersuchungen von PANTANELLI über die Beziehungen zwischen Reben und Peronospora zeigen also die Folgen eines überhöhten Eiweißabbaus: die löslichen Nährstoffe, vor allem Stickstoffverbindungen und Kohlehydrate werden vermehrt an der Blattoberfläche ausgeschieden und begünstigen den Pilzbefall. Die Kohlehydrate spielen in diesem Fall nur eine geringe Rolle, von anderen Schadpilzen werden sie oft in großen Mengen benötigt.
Wahrscheinlich ist die Wirkung des Verhältnisses von löslichen Stickstoffverbindungen zu reduzierenden Kohlehydraten oder einfach C/N-Verhältnis, das zum Befall führt, pilzsortenabhängig. Das C/N-Verhältnis steht wiederum unter dem Einfluß verschiedener Umweltfaktoren: Klima, Boden, Düngung und — nicht zuletzt — Pestizide.

Tabak und Mosaikkrankheit

Auch bei den Viruskrankheiten, wie dem Tabakmosaik, spielt das Blattalter eine Rolle.
So hat HORVATH (1973) nachgewiesen, daß der Befall von Tabak durch Mosaik von der Stellung des Blattes auf dem Stengel abhängt, also von seinem Alter. Die ersten absterbenden Blätter an der Stengelbasis weisen eine Senkung des Eiweiß- und RNS-Aufbaus und eine Überempfindlichkeit gegenüber dem Virus auf. Dementsprechend bleiben junge Blätter von der Krankheit verschont. Die Überempfindlichkeit hat zur Folge, daß die Zellen vollkommen parasitiert werden und absterben. Weil dann die Nährstoffzulieferung unterbrochen ist, kann sich die Krankheit nicht mehr ausbreiten.

Rizinus und Zikade, Ursachen der sortenabhängigen Resistenz

Die Zikaden — wie auch die Milben, Blattläuse und Blattflöhe — stellen den Pflanzenschutz vor wachsende Probleme. Übervermehrungen wurden z. B. an der Rebe nach Pestizidbehandlungen (sowohl Fungizide als auch Insektizide) nachgewiesen (CHABOUSSOU, 1971).
Der indische Forscher JAYARAY (1966, 1967) hat die Beziehung zwischen dem Stoffhaushalt des Rizinus und der Anziehung und Vermehrung der Zwergzikade (Empoasca flavescens) untersucht und ist insbesondere der genetisch bedingten Sortenresistenz nachgegangen. Er hat nachweisen können, daß die verschiedenen Resistenzgrade mit Unterschieden im Nährwert für die Zikade zusammenhängen. Bei den emp-

findlichen und toleranten Sorten hat er einen erhöhten Gehalt an freien Aminosäuren und Aminverbindungen gegenüber den resistenten Sorten festgestellt. Die empfindlichen und toleranten Sorten enthalten 113,5 % resp. 42,3 % mehr Gesamtstickstoff und 12 resp. siebenmal mehr freie Aminosäuren als die resistenten, die dafür mehr Zucker aufweisen. JAYARAY kommt zu folgendem Schluß: „Die resistenten Rizinussorten können Empoasca flavescens durch ihren niedrigen Nährwert fernhalten, was mit dem geringen Gehalt an Gesamtstickstoff, Aminosäuren und Peptiden zusammenhängt."

Eine Untersuchung über die Beziehungen zwischen der Zikade (Empoasca fabae) und der Kartoffelpflanze zeigt ebenfalls die Empfindlichkeit dieser Schädlinge gegenüber dem biochemischen Zustand der Nährsubstrates: MILLER und HIBB (1963) haben nachgewiesen, daß die Zikaden ihre Eier bevorzugt an den unpaarigen endständigen Teilblättern ablegen. Auch hier liegt die Ursache in einem unterschiedlichen Nährstoffgehalt der Pflanzenorgane.

2.1.3. Einfluß des Klimas

Temperatur

Am Beispiel Peronospora/Weinrebe haben wir gesehen, daß das Keimen der Sporen sowohl von der Lufttemperatur als auch von den Stoffabgaben des Blattes abhängt, aber auch Menge und Zusammensetzung des „Blattschweißes" werden von der Temperatur beeinflußt. So wird jede Weizensorte gegenüber jedem Rostpilz resistent, wenn eine bestimmte, je nach Kombination unterschiedliche Schwellentemperatur überschritten wird (GASSNER und STRAIT in DUFRENOY, 1936). Der Grund: bei fallender Temperatur steigt der Gehalt an löslichen Eiweißprodukten in den ersten Blättern junger Weizenpflänzchen. FISCHER und GAUSMANN haben ebenfalls festgestellt, daß „die Zunahme des Gehaltes an löslichen Eiweißstoffen und die Zunahme der Rostanfälligkeit" korreliert ist. Es handelt sich also auch hier um einen ernährungsphysiologischen Vorgang.

Geographische Breite und Tageslänge

Der Einfluß der geographischen Breite und der Tageslänge auf die Widerstandskraft der Kulturpflanzen ist oft beschrieben worden. So

berichten YOUNG et al. (1959) von einer steigenden Empfindlichkeit des Maises gegenüber Diplodia zea vom Norden zum Süden der Vereinigten Staaten. Die Ursache liegt in der kürzeren Tagesdauer in den südlicheren Regionen.
Dieser Effekt könnte durchaus ganz allgemein zur Wirkung kommen. Die Kartoffelsorte Sebago ist bei langen Tagen im US-Staat Maine hochresistent — bei kurzen Tagen in Florida jedoch hochempfindlich gegenüber Kraut- und Knollenfäule (Phytophtora infestans) (UMAERUS, 1959).
Die Erklärung für diese Tatsachen ist im biochemischen Zustand der Pflanze zu suchen. CRANE und STEWART (1962) haben gezeigt, daß der Gehalt an Aminosäuren im Gewebe von der Pfefferminze (Mentha piperita) sowohl von dem K/Ca-Verhältnis in der Nährlösung als auch von der Tageslänge abhängt. Sie kommen zu folgenden Ergebnissen:

— Bei abnehmender Tagesdauer steigt der Eiweißabbau; Asparaginsäure reichert sich an. Diese Aminosäure ist, wie wir noch feststellen werden, ein wichtiger Nährstoff für Schadpilze.
— Bei zunehmender Tagesdauer fällt der Gehalt an löslichem Stickstoff ab. Die Eiweißsynthese und der Glutaminsäuregehalt steigen.

CRANE und STEWART haben außerdem die Rolle des K/Ca-Verhältnisses in der Nährlösung untersucht. Sie sind zu der Feststellung gekommen, daß die Eiweißdynamik auch durch die Ernährung der Pflanze gesteuert wird, doch dies ist das Thema des nächsten Abschnittes.

2.1.4. Einfluß des Bodens

Der Kartoffelkäfer und die Kartoffeln

Wie von der Essigfliege (Drosophila) und von der Seidenraupe kann man vom Kartoffelkäfer sagen, daß er sich durch die zahllosen durch ihm ausgelösten Arbeiten um die Wissenschaft verdient gemacht hat. Ebenso könnte dieser berühmte Käfer uns Aufschluß geben über die Anfälligkeit der Kartoffel ihm gegenüber.
So hat CHAUVIN (1952) die Freßlust des Kartoffelkäfers an verschiedenen Kartoffelsorten auf die Bodenbedingungen beziehen können. Von den beiden Versuchsfeldern lag A bei Versailles auf Ödland, B bei Épernon auf Tonboden. Die Bodeneigenschaften waren von vorneherein nicht bekannt.

Die Versuche zeigten große Unterschiede in der Gefräßigkeit des Kartoffelkäfers. CHAUVIN versuchte das Wesentliche des den Käfer anziehenden Stoffes festzustellen. Mit Tests über die verschiedene Bevorzugung konnte er für jede Kartoffelsorte die von ihm so genannten Einheiten der Anziehungskraft festlegen.
Wie die Tabelle 1 zeigt, bleibt die Rangordnung der sortenbedingten Anziehungskräfte gleich, jedoch zeigen die beiden Standorte deutliche Unterschiede: Die Kartoffeln auf Standort B sind weit weniger gefährdet.

Tab. 1: Einheiten der Anziehungskraft für Kartoffelkäfer bei verschiedenen Kartoffelsorten, abhängig vom Standort

Standort	Bintje	Saucisse	Ackersegen	Parnassia
A	1,25	0,45	1,61	0,80
B	0,31	0,28	1,25	0,28

Diese wie andere Untersuchungen über Kartoffelkäfer (vor allem die von BOSKOZSKA, 1945) zeigen, daß Bodenart und Nährstoffgehalt über ihren Einfluß auf das Wachstum der Kartoffeln deren Empfindlichkeit gegenüber dem Käfer beeinflussen. Es ist daher auch nicht erstaunlich, daß die Anbaumethoden, wie insbesondere die Verwendung von Stallmist und Kompost, die Widerstandskraft gegenüber dem Käfer steigern — wahrscheinlich ebenso wie gegen Krankheiten, was ja von gleichen Vorgängen in der Pflanze abhängt.

„Resistenz" bestimmter Böden gegenüber Krankheiten
Mit „Krankheitsresistenz" eines Bodens ist die Tatsache gemeint, daß bestimmte Böden eine Resistenz bei den sie bedeckenden Pflanzen hervorzurufen scheinen.
Nach LOUVET (1982) kann diese Eigenschaft auf zwei Ursachen zurückgeführt werden:
— Auf chemisch-physikalische Faktoren, z. B. sind Kreuzblütler auf kalkreichen Böden resistent gegen Kohlhernie (Plasmodiophora brassicae).
— Auf mikrobiologische Faktoren.

Den mikrobiologischen Aspekt beschreibt LOUVET folgendermaßen: „Ein sehr aktiver Antagonismus zwischen den Mikroorganismen hat eine Unverträglichkeit zwischen Schaderreger und Boden-Pflanze-System zur Folge. Wenn diese mikrobiologischen Barrieren zerstört werden, geht auch die Resistenz verloren." Deshalb kann sich die Wurzelkrankheit der Honigmelone (Fusarium oxysporum var. melonis) in den „resistenten" Böden des unteren Durance-Tals ausbreiten, sobald die Bodenmikroflora durch Hitze oder Rauch gestört wird. In dieser Gegend werden also die Fusariosen durch die Erderhitzung zur Bekämpfung der Korkwurzelkrankheit (Pyronochaeta lycopersici) begünstigt. Dämpfung und Pestizide töten die Bodenbakterien ab. *Die Mikrofauna ist aber auch unentbehrlich für ein ausgeglichenes Nährstoffangebot an die Pflanze:* Man denke nur an die Nitrifikations- und Denitrifizierungsprozesse. Entsteht ein Mangel an verschiedenen Nährstoffen, ist die Pflanze in ihrem Eiweißaufbau gehemmt. Sie enthält mehr freie Aminosäuren. Ein solcher Zustand ist gleichbedeutend mit einer erhöhten Anfälligkeit.

Der chemisch-physikalische Aspekt der „Bodenresistenz" hängt mit zwei Faktoren zusammen:

— Dem Vorhandensein der nötigen Nährstoffe, wobei ihr Verhältnis untereinander (z. B. K/Ca) entscheidend ist. Auch die Mikronährstoffe spielen eine große Rolle.
— Der Verfügbarkeit der Nährstoffe, welche eng mit dem pH-Wert zusammenhängt.

Der Versuch von BRAIN und WHITTINGTON (1981) liefert ein gutes Beispiel für diese Zusammenhänge. Die Autoren stellten fest, daß der Mehltaubefall bei hohem pH stark, bei niedrigem pH gering ist. Parallel dazu steigt der Mangangehalt im Pflanzengewebe bei sinkendem pH. Der Schlüssel liegt in der Empfindlichkeit der „Manganbakterien": In kalkreichen Böden stellen diese Bakterien ihre Aktivität ein, weil ihnen der pH zu hoch ist. Da die Pflanze Mangan braucht, um Nitrat aufnehmen zu können, wirkt sich der Mangel in einer gehemmten Eiweißsynthese aus. Damit ist die Voraussetzung für die Ausbreitung des Mehltaus geschaffen.

Ein anderes Beispiel liefern die Untersuchungen von MARTIN-PREVEL (1977): Er wies nach, daß Reis eine erhöhte Widerstandskraft gegenüber Piriculariose (Piricularia oryzae) besitzt, wenn er auf vulkanischen

Böden wächst. Dies hängt aller Wahrscheinlichkeit nach mit dem überdurchschnittlichen Gehalt an bestimmten Mikronährstoffen (insbesondere Kupfer und Mangan) dieser Böden zusammen (PRIMAVÉSI et al., 1972).

Widerstandskraft bestimmter Schmetterlinge in Abhängigkeit von Bodenzustand

Die Versuche von VAGO (1956) erlauben es uns, das Thema auf die Tierwelt auszuweiten. VAGO fütterte Schmetterlingsraupen mit Blättern von Maulbeerpflanzen, die teils auf tonigen, teils auf lehmigen Böden gewachsen waren. Es stellte sich heraus, daß die „Tonraupen" zu 18 %, die „Lehmraupen" zu 4 % von Viruskrankheiten befallen wurden.

Bodenart und Düngung beeinflussen also nicht nur die Anfälligkeit der Pflanze, sondern auch die Widerstandskraft derer, die sich von diesen Pflanzen ernähren — und hierzu zählen die Haustiere und der Mensch. Die Qualität eines pflanzlichen Produktes liegt bekanntlich nicht in seinem Aussehen, sondern in seinem Nährwert und folglich an dem Gehalt an Eiweiß. *Deswegen muß es das Ziel einer rationalen Landwirtschaft sein, die Gesundheit der Tiere und Menschen über die Gesundheit der Pflanzen, abzulesen an einem maximalen Eiweißaufbau, zu erreichen.*

2.2. Phytoalexine in der Beziehung zwischen Pflanze und Parasit

2.2.1. Die Anwesenheit von Phytoalexinen in den Geweben ist keine Erklärung für die Widerstandskraft der Pflanze

Unsere **Trophobiosetheorie** *besagt, daß Parasiten auf die Nährstoffe angewiesen sind, die ihnen von der Pflanze angeboten werden. Sie steht damit im Widerspruch zur konventionellen Betrachtungsweise, wonach befallene Pflanzen toxische Substanzen — genannt Phytoalexine — produzieren können, um die Schaderreger abzuwehren. Zahlreiche Phytopathologen haben denn auch Zweifel an diesen Vorgängen angemeldet; insbesondere bezüglich der Giftigkeit der Phenole (sie sind die am meisten zitierten Phytoalexine) für Schadpilze.*

Nach TOMIYAMA (1963) kann die Pilzgiftigkeit der Phenole nicht sehr stark sein, wenn es sie überhaupt gibt. So muß die Frage offenbleiben, ob das Enzym Peroxydase und Phenole für die Unterschiede in der Resistenz verschiedener Sorten verantwortlich sind. Von dem gleichen Autor stammt auch die folgende Feststellung: „Die Anreicherung von Stärke, Eiweiß und phenolischen Komponenten, sowie die Zunahme der Atmungsraten weisen auf einen gesteigerten Stoffwechsel im Gewebe hin, welches dem Eindringen des Schädlings widerstehen kann." Dieser Zustand ist durch einen erhöhten Eiweißaufbau und ein Minimum an löslichen Nährsubstanzen gekennzeichnet.

Von OBI (1975) wissen wir, daß die Resistenz von Mais gegenüber der Blattfleckenkrankheit (Helminthosporium turcicum bzw. Trichometasphaeria turcica) nicht auf Phytoalexine zurückzuführen ist; und CRUICKSHANK (1963) scheiterte an dem Versuch, die Wirksamkeit der Phytoalexine nachzuweisen.

Die folgenden Aussagen stammen von einer Tagung, die zu diesem Thema stattfand:

— SMITH (1980): „Die Herstellung von Phytoalexinen ist ein mehr oder weniger wichtiger Teil im aktiven Abwehrmechanismus der Pflanze." Als andere Teile nennt er: „die Ausschüttung antimikrobieller Substanzen, die vor dem Befall gebildet wurden", „die Veränderung der Zellwandstruktur" und schließlich „die Auswirkungen auf die Ernährung der Schadpilze."

— GARCIA et al. (1980): Ihre Untersuchungen über die Beziehung zwischen Grauschimmel (Botrytis cinerea) und Bohne (Phaseolus vulgaris) führen zu dem Schluß, daß es keine sichere Beziehung zwischen der Lebenskraft des Pilzes und seiner Empfindlichkeit gegenüber den Phytoalexinen gibt und auch nicht zwischen Lebenskraft und Fähigkeit, die Abwehrstoffe abzubauen.

— ALBERSHEIM et al. (1980): Ihre Versuche sprechen für die Anwesenheit eines bestimmten Hormons, das die Pflanze dadurch schützt, daß es den Eiweißaufbau einleitet. Auf diese Weise würde die Pflanze die abbauenden Enzyme der Insekten und Bakterien in ihrer Wirkung hemmen. Da die letztgenannte Hypothese nicht überzeugend gesichert ist, stellt sich die Frage, ob die Widerstandskraft nicht als Folge des Eiweißaufbaus durch den Mangel an Schädlingsnährstoffen entsteht.

— FRITIG stellte als Schlußredner fest, daß seine Kollegen den Phytoalexinen keine entscheidende Rolle für die Abwehrkraft beimessen.

Er gab die Auffassung mehrerer Vorredner mit folgenden Worten wieder: „Der Anreicherung von Phytoalexinen geht eine allgemeine Belebung des Stoffwechsels voraus. Dies führt zu einer verstärkten Bildung von m-RNS und schließlich von Eiweiß.“

2.2.2. Nährsubstanzen und Phytoalexine stehen im Gleichgewicht miteinander

An dieser Stelle möchten wir uns den Ausführungen von DUFRENOY (1936) anschließen. Er betrachtete die Resistenzerscheinungen als das Ergebnis des Wechselspiels zweier gegensätzlicher Vorgänge:

— die Bildung und Anreicherung von Aminosäuren und Kohlehydraten in der Zellvakuole;

— die Bildung von Phenolverbindungen.

Nach DUFRENOY hemmen Phenolreichtum und Aminosäurearmut das Wachstum und die Vermehrung der Krankheitserreger. Wachstum und Vermehrung werden hingegen durch einen hohen Gehalt an Kohlehydraten und Aminosäuren gefördert.

„Jeder Zustand verminderten Pflanzenwachstums bewirkt die Anreicherung ungenutzter löslicher Verbindungen (Zucker und Aminosäuren) in der Zellvakuole. Dies begünstigt die Ernährung parasitischer Mikroorganismen und setzt dadurch die Widerstandskraft der Pflanze herab.“

Fur das Zustandekommen dieser Anreicherung nennt DUFRENOY zwei mögliche Ursachen:

— eine unausgeglichene Nährstoffversorgung der Pflanze;

— das Einleiten eiweiß- oder zuckerabbauender Vorgänge durch den Parasiten.

Unsere Trophobiosetheorie deckt sich mit DUFRENOYS Vorstellungen. So kann z. B. die Empfindlichkeit des Maises gegenüber der Blattfleckenkrankheit (Helminthosporiose) an dem Verhältnis N/Phenole gemessen werden: Je mehr lösliche Stickstoffverbindungen (Aminosäuren) vorhanden sind, desto anfälliger ist der Mais.

Kapitel 3
Einfluß der Pestizide auf die Physiologie der Pflanze Folgen für die Widerstandsfähigkeit gegenüber Parasiten

3.1. Die Beteiligung der Pestizide an dem Stoffwechsel der Pflanze

Abgesehen von Verbrennungs- und pflanzengiftigen Erscheinungen, die die Kommerzialisierung von Pestiziden verbieten, haben die Auswirkungen der Behandlungsmittel auf die Pflanzenphysiologie bisher wenig Beachtung gefunden.
Die konventionelle Betrachtungsweise ging nämlich von einer Oberflächenwirkung der Stoffe aus, so z. B. bei den Kupferverbindungen oder dem Insektenfraßgift Arsen. Es gab keinen Anlaß, das Eindringen der Stoffe in das Pflanzengewebe und ihre dortige Wirkung zu untersuchen.
Diese Frage wurde jedoch dringlicher, als die „systemischen" Fungizide und Insektizide auf den Markt kamen und als die Herbizide in großem Maßstab angewendet wurden. Hinzu kommt die im vorigen Kapitel beschriebene ernährungsphysiologische Basis der Beziehungen zwischen Pflanze und Parasit: „Ein Parasit ist auf die Nahrung angewiesen, die ihm von der Pflanze angeboten wird" (verschiedene Autoren, 1979).

3.2. Das Eindringen der Pestizide in die Pflanze

Die heute weitverbreitete Anwendung von Unkrautbekämpfungsmitteln und Blattdüngern zeigt die Durchlässigkeit des pflanzlichen Gewebes für zahlreiche Stoffe. Die Barrieren, wie Rinde, Kutikula oder Zellwand enthalten Lipide als Grundbestandteile. Dadurch können sie von fettlöslichen Stoffen überwunden werden. So erklärt sich z. B., daß eine Metallverbindung wie das in der Bordeaux-Brühe (Kupferkalkbrühe) befindliche Kupferoxyd in das Blatt eindringen kann — eine Tatsache, die schon 1887 von MILLARDET und GAYON behauptet und erst 1965 von STRAUSS nachgewiesen wurde.
Die Dicke der Kutikula, die Verteilung und Zahl der Spaltöffnungen wechseln von Pflanzenart zu Pflanzenart, von Sorte zu Sorte. Folglich ist auch die Empfindlichkeit gegenüber den Pestiziden unterschiedlich. Als weiterer Faktor spielt der osmotische Druck eine vielleicht entschei-

dende Rolle. Wenn der Druck des Zellsaftes im Vergleich zu dem der Brühe gleich hoch oder höher (isotonisch oder hypertonisch) ist, kann kein Stoff eindringen, und die Verbrennungsgefahr ist gleich Null. Wenn er jedoch niedriger ist, können Schäden durch Auflösung (Plasmolyse) der Zellen entstehen.

So wies MENZEL (1935) nach, daß bestimmte Apfel- und Birnbaumsorten einen hohen osmotischen Druck (30 bis 38 bar) besitzen und unempfindlich gegen Kupferverbindungen sind, während andere mit einem niedrigen Druck (5,3 bis 13,7 bar) sehr stark geschädigt werden. Der osmotische Druck ist aber nicht nur sortenabhängig: abiotische Faktoren, das Alter des Gewebes und die Nährstoffversorgung der Pflanze spielen hier ebenfalls eine Rolle.

So erhöht das Licht die Durchlässigkeit des Blattes, indem es die Öffnung der Spaltöffnungen bewirkt. Hohe Temperatur hat die gleichen Folgen: Bei warmem Wetter kann eine Nikotinbehandlung zu Verbrennungen führen, bei niedrigen Temperaturen ist dieses (nicht mehr gebräuchliche) Insektizid gefahrlos. Das gleiche gilt für Schwefelverbindungen. Auch beim 2,4-D wurde nachgewiesen, daß es bei Tag schneller in Bohnenblätter eindringt als in der Dunkelheit (SARGENT, 1964).

Was das Pflanzenalter betrifft, so wissen wir, daß alte Pflanzen eine höhere Durchlässigkeit aufweisen als junge.

Auch die chemische Struktur des Pestizides spielt eine Rolle. Während Organophosphorverbindungen wie Parathion innerhalb von nur zwei Tagen fast vollständig von den Blättern aufgenommen werden, verbleiben chlorierte Kohlenwasserstoffe und Carbaryl viel länger auf der Blattoberfläche. Ganz allgemein besitzen synthetische organische Wirkstoffe eine besondere Affinität zu pflanzlichen Geweben. Das Radikal C_6H_5 verleiht einer Verbindung die Fettlöslichkeit; mit einem OH-, COOH-, SO_2-, oder NH_2-Gruppe werden Moleküle wasserlöslich. Und schließlich ist Chlor, Bestandteil vieler moderner Fungizide, für deren Persistenz verantwortlich.

Die Auswirkungen von Pestiziden hängen auch von deren Transport und Ausbreitung in der Pflanze ab. Dies kann über zwei Wege geschehen:

— Der indirekte Weg führt durch die Leitbahnen und den interzellularen Raum.

— Im direkten Weg wird der Wirkstoff von Zelle zu Zelle über Poren, die den Austausch zwischen den Zellen erleichtern (Plasmodesmen), weitergereicht.

Wirkstoffe können auf beiden Wegen zu Störungen des Zellstoffwechsels führen.

Als Eintrittspforten für die Pestizide kommen alle Pflanzenteile in Frage:

— das Blatt, z. B. bei Behandlungen mit Insektiziden, Fungiziden und neuerdings Akariziden (Wirkstoffe zur Abtötung von Milben);
— die Wurzeln, sowohl bei einer Bodenentseuchung gegen schädliche Tiere oder Pilze als auch durch Rückstände einer Laubbehandlung (Herbizide, Fungizide, Insektizide). Diese Rückstände fallen in weit höheren Mengen als zunächst angenommen an;
— das Saatgut, wenn es gegen Krankheiten oder Schadinsekten gebeizt wird;
— der Stamm (Obstbäume und Reben) bei Winter- und Austriebsspritzungen mit Fungiziden und Insektiziden. Diese Gefahr wird oft übersehen. Dabei können Obstbäume auch im Winter große Mengen an Wirkstoffen aufnehmen. WILLAUME (1937) hat nachgewiesen, daß das für die Obstbaumwinterspritzung benutzte Kohlenteeröl (Schweröl) das Baumwachstum fördert.

3.3. Die Auswirkungen der Wuchsstoffe

Die Wuchsstoffe im Pflanzenmetabolismus

Das Pflanzenwachstum wird von verschiedenen Hormontypen gesteuert:

— Die Indol-3-Essigsäure (IES) aus der Auxingruppe reguliert das Wurzelwachstum.
— Die Cytokinine beschleunigen die Zellteilung und verzögern die Alterung. Von dem Verhältnis Auxine-Cytokinine hängt die verschiedene Wuchsentwicklung junger, noch unbestimmter Gewebe ab.
— Die Gibberelline (Gibberellinsäure = GS) fördern unter anderem Keimung, Stärke- und Eiweißabbau.
— Die Abscissinsäure (ABS) ist ein Gegenspieler zu den anderen Pflanzenhormonen. Zu ihren Einflüssen gehören die Aktivierung ver-

schiedener Stärkeumwandler (Amylasen). Folge: Abbau der Stärke, die Hemmung des Aufbaus der Zellkernsäure RNS, dadurch die Verminderung des Aufbaus von Eiweiß. Mit der ABS hoffen die Agrarwissenschaftler den Laubfall einleiten zu können, die Keimung der Kartoffel aufzuhalten, die Fruchtreife zu beschleunigen und vieles andere mehr.

Der Einfluß der Wuchsstoffe auf den biochemischen Zustand der Pflanze und auf ihre Widerstandsfähigkeit gegenüber Parasiten

Verschiedene Wuchsstoffe, wie z. B. Gibberellinsäure, IES und 2,4-D wurden auf ihre Eignung für die Bekämpfung von Pilz- und Viruskrankheiten geprüft. Die Ergebnisse fielen unterschiedlich aus. Auftretende Widersprüche bleiben unerklärt. Wir wollen versuchen, unsererseits Licht in die Angelegenheit zu bringen.

MOLOT und NOURRISSEAU (1974) haben Forschungen über den „Einfluß verschiedener Wuchsstoffe auf die Empfindlichkeit der Erdbeere gegenüber Kragenfäule (Phytophtora cactorum) angestellt. Sie tauchten gekühlte Erdbeerpflanzen kurz vor der Pflanzung und Ansteckung in verschiedene Wuchsstofflösungen. Aus ihren Gewächshausversuchen geht folgendes hervor:

— Gibberellinsäure, IES und andere Säuren aus der Auxingruppe fördern die Krankheit.
— Trijodbenzolsäure stärkt die Widerstandskraft der Pflanze.
— Abscisinsäure wirkt krankheitsfördernd — aber nur bei einer Konzentration von ca. 10^{-7}, nicht bei höheren oder niedrigeren Werten.

Die Autoren kommen zu folgendem Schluß: „Es gibt anscheinend eine Beziehung zwischen dem physiologischen Zustand der Erdbeerpflanze, deren Hormonsystem ziemlich komplex ist, und ihrem Verhalten gegenüber der Kragenfäule." Hier hört ihre Analyse auf, ohne daß die Unterschiede in den Auswirkungen der getesteten Stoffe erklärt wird. Dieser Frage wollen wir nachgehen.

Der Wirkungsgrad eines Pflanzenbehandlungsmittels hängt von mehreren Faktoren ab und zwar insbesondere

— von der verwendeten Dosis;
— von den ökologischen Bedingungen: Licht, Feuchte, Temperatur usw.;

— von dem Anwendungszeitpunkt, d. h. von dem Alter der Pflanze oder des Organs (wie weiter oben schon beschrieben);
— von der Nährstoffversorgung der Pflanze. Dieser Faktor wurde bisher mehr oder weniger außer Acht gelassen.

Für eine erfolgreiche Behandlung mit Gibberellin sollten diese Faktoren nach ALTERGOT und POMAZONA (1963) einen „Zustand beschleunigten Wachstums“ begünstigen, also einem Optimum für den Eiweißaufbau. Diese Autoren „vermuten, daß die durch Wuchsstoffe aktivierte Pflanze eine schnell verfügbare Zusatzernährung braucht, in der die zum Aufbau von Gerüststoffen notwendigen Substanzen enthalten sind“.

Aus diesem Grund hat WORT (1962) bei mit 2,4-D behandelten Kartoffeln eine Ertragssteigerung nur unter Zugabe von Dünger feststellen können. Als Dünger wurden nur Spurenelemente wie Eisen und Kupfer gegeben; sie wurden entweder in den Boden eingebracht, oder als Lösung zusammen mit den Wuchsstoffen auf das Kraut gespritzt. WORT (1962) erzielte sowohl um 5 bis 45 % höhere Erträge als auch größere Knollendurchmesser.

WORT stellte außerdem fest: „Auch wenn die Erhöhung der Widerstandskraft gegenüber Krankheiten nicht so stark wie die des Ertrages ist, haben wir es mit einer eindeutig positiven Tendenz zu tun.“ Diese Beobachtung stimmt mit unserer Auffassung überein, wonach die Widerstandskraft vom Eiweißaufbau abhängt. Die Knollen aus behandelten Kartoffelpflanzen besaßen auch niedrigere Gehalte an Einfachzucker als die Vergleichsknollen.

Außerdem haben sowohl ALTERGOT und POMAZONA als auch WORT unterschiedliche Auswirkungen infolge unterschiedlicher Behandlungszeitpunkte festgestellt. So besaßen am 23. Juli behandelte Kartoffeln mehr Einfachzucker als solche, die am 24. August behandelt wurden. Auf diesen Sachverhalt wollen wir später zurückkommen.

Versuchen wir nun die oben beschriebenen widersprüchlichen Reaktionen der mit Phytophtora cactorum infizierten und mit verschiedenen Wirkstoffen behandelten Erdbeerpflanzen zu vergleichen. Die gesteigerte Abwehrkraft nach der Behandlung mit Trijodbenzoesäure hängt mit dem Ernährungszustand der Pflanze zusammen. Der Stoffwechsel der gekühlten Erdbeersetzlinge ist verlangsamt und gleicht mehr oder weniger dem einer alternden Pflanze. Unter diesen Bedingungen ist es

möglich, daß die Trijodbenzoesäure sich fördernd auf den Eiweißaufbau — und damit auf die Abwehrkraft — auswirkt, während alle anderen Stoffe einen negativen Einfluß ausüben.
Von der Abscissinsäure (ABS) wissen wir, daß sie den Eiweißaufbau hemmt. Dies hat eine Erhöhung des Gehalts an löslichen Grundstoffen für den Eiweißaufbau zur Folge, wodurch wiederum günstige Ernährungsbedingungen für pathogene Organismen geschaffen werden: Die Schäden durch Kragenfäule steigen.
Wahrscheinlich ist ein ähnlicher Vorgang für die erhöhte Anfälligkeit nach den Behandlungen mit Gibberellinsäure, alpha-Naphtylessigsäure-amid (Auxingruppe) und Indol-3-Essigsäure (IES) verantwortlich.
Nach van OVERBECK (1966) greifen Gibberellinsäure wie auch die anderen Pflanzenhormone in den Nucleinsäurestoffwechsel der Zelle ein (auf einer Stufe zwischen DNS und m-RNS). Dadurch kann sie die Bildung von Enzymen regeln und den Ernährungszustand der Pflanze steuern. Demnach fördert Gibberellinsäure den Stärkeabbau durch Stimmulierung der Amylase (entsprechend dem Schema:

DNS Einwirkung von GS ———> mRNS ———> alpha-Amylase).

Nach einem ähnlichen Schema kann die Bildung von Enzymen für die Eiweißabbau gefördert werden. Auch hier verlangt der Ausgangszustand der Ernährung der Pflanze Berücksichtigung: Nach van OVERBECK (1966) fördert GS die Bildung von Einfachzucker bei Kartoffeln, die sich in der Keimruhe befinden. Es wäre also möglich, daß dieser Stoff die gleiche Wirkung auf die gekühlten Erdbeersetzlinge hat, da deren Stoffwechsel gedämpft ist. Dies würde zu einer Anreicherung von löslichen Stoffen führen, die für die Krautfäule günstig sind.
Wenn GS jedoch aufgrund eines anderen Ausgangszustands der Pflanze den Eiweißaufbau beschleunigt, so fördert sie auch die Widerstandskraft. GS-Behandlungsversuche von RODRIGUEZ und CAMPBELL (1961) an Apfel, Bohne und Baumwolle ergaben einen schnelleren Pflanzenwuchs und einen niedrigeren Befall durch Spinnmilben. Der Befall durch die Obstbaumspinnmilbe (Panonychus ulmi beziehungsweise telariasetranychus) an Äpfeln stieg dagegen bei einer GS-Konzentration von 10 ppm — und fiel bei höheren Werten wieder ab. Dabei

bestand zwischen dem Umfang des Schädlingsbefalls und dem Gesamtzuckergehalt der Blätter eine eindeutige Beziehung.
Je umfangreicher die beiden Milbenarten vertreten waren, um so höher war auch der Stickstoffgehalt der Blätter, wobei der Endgehalt von der GS-Menge abhängig ist.
Nach RODRIGUEZ und CAMPBELL (1961) gibt es ein Optimum des Gehalts an Einfachzuckern, bei dem sich Krankheiten und Parasiten am besten entwickeln können und die Pflanze am empfindlichsten ist. Nach unserer Auffassung gilt dies ebenfalls für den Stickstoffgehalt bzw. für das Verhältnis zwischen den beiden.
HUKUSIMA (1963) kommt zur gleichen Aussage für den Befall des Apfels durch eine Laus (Myzus malisinctus). Die größte Schädlingsvermehrung fand er bei einer Behandlung mit einer 50 ppm-GS-Lösung, bei 100 ppm GS war die Fruchtbarkeit des Schädlings stark eingeschränkt. Der Autor schließt aus seinen Versuchen, daß es einen Optimalgehalt an Gesamt- und Einfachzuckern für die Entwicklung der Läuse geben muß.

Auswirkungen von 2,4 D und 2,4,5 T
Der Befallsverlauf nach einer 2,4-D-Behandlung ist ebenfalls von zahlreichen Faktoren abhängig. Dies können z. B. sein: Nahrungsbedürfnisse des Parasiten, Nährstoffversorgung und Entwicklungsstadium der Pflanze, ökologische Bedingungen.
So ist bekannt, daß eine 2,4-D-Behandlung von Weizen einen Befall durch den Erreger der Braunfleckenkrankheit (Cochliobolus sativus) begünstigt. Andererseits haben MOSTAFA und GAYED (1965) eine eindeutige pilzabwehrende Wirkung gegen die Schokoladenfleckenkrankheit (Botrytis fabae) bei 2,4-D-Behandlung von Ackerbohnen (Vicia faba) festgestellt. Die Analysen dieser Autoren zeigten, daß 2,4-D den Zuckergehalt der Blätter gesenkt hat. Der pilzhemmende Effekt beruht also wahrscheinlich auf einer Veränderung des Pflanzenstoffwechsels, die den Bedürfnissen der Fleckenkrankheit zuwiderläuft. Auch hier haben wir es also mit einem ernährungsphysiologischen Vorgang zu tun: Der Pilz der Fleckenkrankheit hat einen besonders hohen Bedarf an Kohlehydraten. Eine andere Wirkung von 2,4-D liegt in der Hemmung des Eiweißaufbaus mit der Folge, daß Aminosäuren (Grundstoffe des Aufbaus) angereichert werden. Nach einer 2,4-D-Behandlung

an Ackerbohne nimmt die Vermehrungsrate der Erbsenlaus (Macrosiphum pisum) stark zu. MAXWELL und HARWOOD (1960) erklären dieses Versuchsergebnis durch den gestiegenen Gehalt an verschiedenen freien Aminosäuren im Zellsaft.
Einen dritten Eingriff von 2,4-D in den Pflanzenstoffwechsel zeigt der Versuch von ISHII und HIRANO (1963). Die Behandlung von Reis teils mit 2,4-D, teils mit DDT bewirkt in beiden Fällen eine gesteigerte Vermehrung des Reisstengelbohrers (Chilo suppressalis). Die Autoren konnten nachweisen, daß dieser Effekt mit einer Erhöhung des Gehalts an löslichen Stickstoffverbindungen zusammenhängt: Aus diesen Nährstoffen bezogen die Stengelbohrer ihr zusätzliches Leistungsvermögen.
Die meisten Untersuchungen über 2,4,5-T haben zum Ziel, die Möglichkeit der Ertragssteigerung zu erkunden. Sie sind aber auch interessant durch die Tatsache, daß sie die Bedeutung des Ernährungszustandes für die Resistenz der Pflanze unterstreichen. In Versuchen von YURKEVITCH (1963) konnten Ertrag und Qualität der Ernte von 2,4,5-T-behandelten Tomatenpflanzen nur unter Zugabe von Spurenelementen erhöht werden. Bor, Mangan, Molybdän und andere Elemente sind nämlich Grundbestandteile der 2,4,5-T-abhängigen Enzyme. Dadurch fördern sie die Atmungsrate und den Transport der Kohlehydrate (vor allem Zucker), deren Rolle für die Abwehrkraft der Pflanze schon beschrieben wurde.

Auswirkungen des Wuchsstoffes Maleinsäurehydrazid (Msh)

WORT (1962) berichtete von folgendem Versuch: Gerste und Weizen wurden auf einem Sand gezogen, dem der Wuchsstoff Msh zugefügt war. Die Folge war eine starke Zunahme des Gehalts an freien Aminosäuren (insbesondere Glutamin) in den Blättern. Nach fünf Tagen betrug er das fünffache, nach fünfzehn Tagen das fünfzehnfache der Vergleichswerte.
Ähnliche Auswirkungen betreffen den Kohlehydrathaushalt. Msh bewirkt bei Mais zwar eine Verringerung des Zuckergehaltes an Glukosen; er kann aber auch zu einer Erhöhung von bis zum 13fachen des Normalgehaltes an Saccharose führen.
Der Einfluß von Msh besteht also in:
— einer Stützung der Photosynthese und
— einer Hemmung des Eiweißaufbaus.

Daraus lassen sich nach HORSFALL und DIMOND (1957) zwei Arten von Einflüssen auf Krankheiten ableiten. Einerseits werden Krankheiten gefördert, bei denen hohe Zuckergehalte eine Rolle spielen, wie z. B. Rost (Puccinia spec.) und Echter Mehltau (Uncinula necator). Andererseits steigt die Abwehrkraft gegenüber Erregern, die bei niedrigen Zuckergehalten auftreten, wie Dürrfleckenkrankheit (Alternaria solani) an Tomate oder Braunfleckenkrankheit (Cochliobolus sativus). In diesem Rahmen sind die Untersuchungen von SPRAU (1970) zu nennen, bei denen Msh den Befall von Kartoffeln durch Kartoffelkrebs (Synchrytium endobioticum) und Wurzelkropf (Agrobacterium tumefaciens) verhinderte.

Anschließend muß betont werden, daß künstliche und pflanzeneigene Hormone sich notwendigerweise überlagern. Da letztere entsprechend den Umsetzungen in den Pflanzen ausgeschüttet werden, sind bei jeder Anwendung folgende Faktoren zu berücksichtigen:

— die kritischen Stadien des Stoffwechsels (insbesondere der Blüte) und
— die Nährstoffversorgung der Pflanze, die in Abhängigkeit zahlreicher anderer Faktoren steht.

Die Wichtigkeit dieser Faktoren wurde bisher weit unterschätzt. Deshalb blieben viele Forschungsergebnisse aus Arbeiten mit Wuchsstoffen und chlorierten Pestiziden unverständlich.

3.4. Die Auswirkungen der chlorierten Kohlenwasserstoffe, insbesondere des DDT

Diese einst hochgelobten Stoffe sind aufgrund ihrer Persistenz und ihrer Anreicherung in Nahrungsketten nicht mehr für den landwirtschaftlichen Einsatz zugelassen. Ihre Auswirkungen auf die Biochemie der Pflanzen machen sie jedoch zu einem aufschlußreichen Studienobjekt. Außerdem sollte man nicht vergessen, daß Chlor weiterhin in zahlreichen synthetischen Fungiziden enthalten ist. Chlor begünstigt den Eiweißabbau.

Insgesamt zeigen die Untersuchungen, daß vor allem DDT die Pflanzen wie eine Art Wuchsstoff beeinflußt. Die Folgen einer Behandlung hängen unter anderem von der Pflanzenart und der Dosis ab. Hohe Konzentrationen bewirken im allgemeinen wuchsfeindliche Erscheinungen, wie z. B. Kümmerwuchs, Mißbildungen, Vergilbungen (Chlorosen) und Absterben (Nekrosen). Bei niedrigen Konzentrationen können die Schäden ausbleiben und eine Förderung des Pflanzenwuchses beobachtet werden.

Folgende Forschungsergebnisse sind von besonderer Bedeutung:

— JOHNSON (1946): DDT erhöht die Empfindlichkeit von Khapli-Weizen gegenüber Rostkrankheiten. Dies wurde von FORSYTH (1954) so erklärt: „DDT verändert den Stoffwechsel des Weizens dahingehend, daß freie Eiweißbausteine (Aminosäuren) und Einfachzucker in den Blättern angereichert werden. Dieser Effekt ist wahrscheinlich auf eine Hemmung der Bildung von Kohlehydraten und Eiweiß zurückzuführen."

— HUFFAKER und SPITZER (1950): Nach einer DDT-Behandlung auf Birne nehmen nicht nur die Schädlinge, sondern auch deren natürliche Feinde zu. Ihre Schlußfolgerung: Die hohen Vermehrungsraten der Obstbaumspinnmilbe (Metatetranychus ulmi) sind nicht mit einer Abnahme der Feinde zu erklären.

— FLESCHNER (1952) sowie CHAPMAN und ALLEN (1949): Nach einer DDT-Behandlung auf Zitrus büßen die Blätter an Widerstandskraft gegenüber Spinnmilben ein. Die Überempfindlichkeit hält über sieben Monate an, wobei sie von den alten in die jungen Blätter wandert.

— SAINI und CUTKOMP (1956): Nach einer DDT-Behandlung auf Bohnen nimmt der Befall mit der Bohnenspinnmilbe (Tetranychus urticae) zu. Die Autoren führen dies auf indirekte Förderung aufgrund des „geänderten Stoffwechsels der Pflanze" zurück.

— In eigenen Untersuchungen (CHABOUSSOU, 1969) haben wir gezeigt, daß die Lebenskraft zweier Milben (Tetranychus urticae auf Bohnen und Metatetranychus ulmi auf Weinreben) durch DDT gesteigert wird: Die Fruchtbarkeit und die Lebensdauer nehmen zu, der Entwicklungszyklus wird kürzer, das Geschlechterverhältnis wird zu Gunsten der Weibchen verschoben.

— KLOSTERMEYER und RASMUSSEN (1953): Nach einer Behandlung des Bodens mit DDT, Lindan, HCH (Hexachlorcyclohexan) und Aldrin zeigt die Kartoffel eine erhöhte Empfindlichkeit gegenüber Milben. Nach diesen Autoren „ist die Steigerung in den Milbenzahlen als Folge der Insektizidbehandlung auf den Stoffwechsel und den Nährstoffgehalt der Pflanze zurückzuführen".

Das vermehrte Auftreten von Schädlingen nach der Behandlung mit chlorierten Kohlenwasserstoffen ist offensichtlich durch die hormonähnliche Wirkungsart dieser Verbindungen bedingt. Die konventionelle Erklärung, wonach die Vernichtung der natürlichen Schädlingsfeinde die Hauptrolle spielt, müssen wir zurückweisen.

3.5. Die Auswirkungen der Organophosphorverbindungen

Auch bei dieser Stoffreihe wurden in vielen Untersuchungen sowohl positive als auch negative Wirkungen auf die Pflanze festgestellt:

— Die wöchentliche Behandlung von Baumwolle mit einer Mischung aus Camphechlor und DDT hat höhere Erträge zur Folge — aber nur, wenn sie zur Zeit der ersten Blüten einsetzt. Hier wird wieder deutlich, wie wichtig der Ausgangszustand des Pflanzenwuchses zum Zeitpunkt der Behandlung ist.

— BOGDANOV (1963): Der Aminosäuregehalt von Bohnenblättern nimmt nach einer Behandlung mit Parathion und Thiometon zu. Die Anreicherung von Methionin, Valin, Phenylalanin und Tryptophan deutete auf eine Hemmung des Eiweißaufbaus hin.

— PICKETT et al. (1951): Parathion hemmt die Photosynthese von Pfirsich.

— Beim Apfel (Red Delicious) sinkt die Stoffbildung in den Blättern nach einer Behandlung mit Diazinon und Ethion.

— NADRA und CHOPRA (1969): Thiometon hat die Eigenschaft, den Gehalt an Stickstoff und abbauenden Zuckern in den Blättern behandelter Pflanzen steigen zu lassen.

Dies liefert die Erklärung für den sogenannten „Bumerang-Effekt" der Milbenmittel (Akarizide). Viele Untersuchungen haben gezeigt, daß die Schädlinge durch diese Stoffe mehr gefördert als gestört werden.

— WAFA et al. (1969): „Anthio", Oxydemeton-methyl und „Thiocron" führen zu einem verstärkten und langanhaltenden Milbenbefall (Eutetranychus orientalis). Nach Meinung der Autoren ist die giftbedingte Anreicherung von Einfachzuckern (Monosaccharide) und die Abnahme der Vollzucker (Polysaccharide) in Blättern und Stengeln für dieses Ergebnis verantwortlich.

— In eigenen Untersuchungen (CHABOUSSOU, 1969) haben wir die Zunahme der Monosaccharide nach einer Parathionanwendung an

Reben nachgewiesen. Als Folge war ein verstärkter Milbenbefall zu beobachten.

Alle diese Ergebnisse zeigen, daß die Organophosphorverbindungen in den pflanzlichen Eiweißaufbau eingreifen. Je nach Zeitpunkt und Zahl der Behandlungen wird der Eiweißaufbau mehr oder weniger gehemmt. Dies begünstigt nicht nur die Vermehrung saugender Schädlinge wie Milben und Blattläuse, es fördert auch verschiedene Krankheitserreger, insbesondere pflanzenschädliche Pilze.

3.6. Die Auswirkungen der Carbamate und Dithiocarbamate

Carbamate und Dithiocarbamate bilden zusammen eine große Gruppe synthetischer Pestizide. Hierzu gehören sowohl Fungizide (z. B. Benomyl, Carbendazim, Thiabendazol als Carbamidsäurederivate; Zineb, Maneb, Mancozeb als Abkömmlinge der Dithiocarbamidsäure) als auch Herbizide wie Propham und Chlorpropham (Carbamate) bzw. Nabam (Dithiocarbamat, mit pilzhemmenden Eigenschaften).

Als sie auf den Markt kamen, waren diese Stoffe von den größten Hoffnungen für eine bessere chemische Schädlingsbekämpfung begleitet. „Benomyl trug zur Zeit der Feldversuche alle Hoffnungen des Pflanzenschutzes, und der Gedanke der chemischen Gesunderhaltung für die großen Weizensteppen kam auf“ (PONCHET, 1979). Heute hat sich diese Stimmung gelegt. Die im folgenden beschriebenen Versuche zeigen, daß diese Mittel ihr Ziel oft verfehlen.

— POLJAKOV (1966): Die Behandlung von Kartoffeln mit Zineb zur Abwehr der Kraut- und Knollenfäule (Phytophtora infestans) bewirkt die Entwicklung anderer Krankheiten, insbesondere von Virosen. In einem anderen Versuch von POLJAKOV (1966) wird deutlich, daß Rostpilze (Puccinia graminis) schon nach einer Behandlung „Resistenz“-Erscheinungen aufweisen. Der Autor kommt zu dem Schluß, daß „der Ernährungszustand der Pflanze einer der wichtigsten Faktoren für ihre Widerstandskraft gegenüber Schadpilzen“ ist.

— Zineb kann zur Behandlung des Apfelschorfs eingesetzt werden. Dann fördert es allerdings die Ausbreitung von Apfelmehltau (Podosphaera leucotricha). Dieser Zusammenhang ist in Frankreich oft beobachtet worden und wir haben ihn in eigenen Versuchen

(CHABOUSSOU, 1968) auf Reben bestätigt. VANEV und CELEBIEV (1974) haben darüber hinaus nachgewiesen, daß es sich weder um eine mangelnde Wirksamkeit des Produktes noch um eine Resistenz des Pilzes handelt — sondern um dessen Förderung durch Zineb. Doch das kann uns inzwischen nicht mehr überraschen.

— COX und HAYSLIP (1956) staunten über ihre „unerwarteten" Ergebnisse, bei denen Grauschimmel (Botrytis cinerea) durch Nabam und Maneb auf Tomate und durch Zineb auf Erdbeere gefördert wurde. Sie fanden heraus (COX und WINFREE, 1957), daß der Zinkgehalt in den alten Blättern um das dreizehnfache, in den jungen Blättern um das 3,5fache zugenommen hatte. Dem Überschuß an Spurenelementen folgt eine Störung des Pflanzenstoffwechsels: Der Eiweißgehalt der Blätter sinkt.

— THORN und LUDWIG (1962): Die Blätter von Rüben, die mit Dithiocarbamaten behandelt wurden, verzeichnen eine Anreicherung von Glutaminsäure, Valin, Leucin. Sie enthalten sogar Tyrosin, das bei unbehandelten Blättern nicht vorkommt. Auch hier findet also eine Hemmung des Eiweißaufbaus statt; wie wir schon wissen, ist dies gleichbedeutend mit einer erhöhten Krankheitsanfälligkeit der Pflanze.

— BAETS (1962): Zineb und Maneb wirken sich zwar positiv auf den Ertrag von Tabak aus, aber der Eiweißgehalt sinkt. Es stellt sich daher die Frage, ob hier nicht ein Zusammenhang mit den in manchen Jahren zunehmenden Tabakkrankheiten besteht.

3.7. Schlußfolgerungen

Die in diesem Kapitel dargelegten Sachverhalte bestätigen die Behauptungen, die wir im zweiten Kapitel aufgestellt hatten:

1. Bestätigung darüber, daß die Beziehungen zwischen Pflanze und Parasit mit Pflanzenwuchs und Ernährung zu tun haben.
2. Bestätigung darüber, daß eine maximale Widerstandskraft nur über einen maximalen Eiweißaufbau zu erreichen ist und daß die Anfälligkeit der Pflanzen mit einem vorherrschendem Eiweißabbau zusammenhängt.
3. Bestätigung über die entscheidende Rolle der Nährstoffversorgung der Pflanze — sowohl mit Hauptnährstoffen als auch mit Spuren-

elementen — in ihrer Reaktion auf Hormone und Pestizide. In diesen Ergebnissen wird auch deutlich, daß im allgemeinen zu wenig zwischen der Förderung des Schädlings durch positiven Einfluß auf seine Lebenskraft und der vermeintlichen „Resistenz“ des Schädlings gegenüber dem Biozid unterschieden wird.

Dies alles führt zu dem für uns selbstverständlichen Ergebnis: Die Giftigkeit des Pestizids gegenüber dem Schädling kann sich auch gegen die Pflanze wenden und sie schwächen statt zu schützen.

Wir wollen dieses Kapitel mit zwei Bemerkungen abschließen:

- Die Auswirkungen der Pestizide können auch verspätet auftreten. Dies erschwert das Auffinden der Ursachen.
- Pestizide haben mit Sicherheit auch sich gegenseitig verstärkende Wirkungen, die vor allem bei Dauerkulturen wie Obst- und Weinbau eintreten. Dies könnte die Heftigkeit mancher Krankheits- oder Schädlingsausbreitung erklären.

ZWEITER TEIL:

NÄHRSTOFFMANGEL UND PARASITÄRE KRANKHEITEN

„Der unterschwellige Mangel in der Ernährung leistet den Seuchen Vorschub, die als zusätzliche Zerstörungsfaktoren auftreten. Aus ihm gehen Individuen hervor, die gegenüber Schädlingen, Räubern, starken klimatischen Veränderungen und der Ermüdung durch Wanderung weniger widerstandsfähig sind.“

Maurice Rose und P. Jore d’Arces
(Entwicklung und Ernährung, Paris, 1957)

Kapitel 4
Das Scheitern der Pestizide im Obst- und Weinbau
Bakterienbefall und Pflanzenphysiologie

4.1. Verstärkte Befallswirkung durch Schädlinge: „Resistenz“ oder Vermehrung?

Wir wollen die Frage stellen, ob das Scheitern eines Pestizides durch seine Unwirksamkeit, durch die Resistenz des Schädlings oder durch seine anregende Wirkung auf den Schädling durch Verbesserung seiner Ernährungsbedingungen verursacht wird. In diesem Rahmen müssen zwei Feststellungen gemacht werden:

— Die Benutzung neuer Pestizide hat das Auftreten bisher unwichtiger oder gar unbekannter Schädlinge veranlaßt.

— Das Zusammenwirken mehrfacher Schädigungen (parasitäre Komplexe) hat eine steigende Bedeutung. Damit ist gemeint, daß die Kulturen von mehreren Schädlingen befallen werden, so zum Beispiel bei Viruskrankheiten, denen Blattläuse als Überträger dienen.

Im Weinbau sprechen die „Pflanzenmediziner“ von Resistenz bei Echtem Mehltau, Botrytis und auch bei Peronospora, die in manchen Gegenden nach der Behandlung zunimmt (Bumerang-Effekt). Bei dem Zusammenwirken mehrerer ist auch ein verstärkter Befall durch Milben, Trockenfäule (Guignardia bidwellii), Schwarzfäule (Xanthomonas ampelina), Roter Brenner (Pseudopeziza tracheiphila) und Kümmerwuchs (Eutypa armenicae, neue Krankheit) festzustellen. Angesichts dieser zahlreichen Fälle muß die Theorie der Resistenz angezweifelt werden. Sie kann zum Beispiel die mehrmals beobachtete „Unwirksamkeit“ in bisher pestizidfreien Gebieten nicht erklären. Die Behauptung, daß Schaderreger nicht nur von einem Acker zum anderen, sondern auch von Gegend zu Gegend transportiert werden, erscheint uns ebenfalls fragwürdig.

Nach unseren Erkenntnissen hängt die erhöhte Angriffslust der Schädlinge vielmehr mit ihrer besseren Ernährung zusammen. Pestizide machen die Pflanze empfindlich, indem sie ihren Eiweißaufbau hemmen. Dies haben wir bei Echtem Mehltau, Botrytis und Milben nachgewiesen.

4.2. Bakterielle Erkrankungen und Pflanzenleben

Bakterielle Erkrankungen sind besonders schwierig zu bekämpfen. Ihre Bedeutung nimmt stetig zu. Für manche Forscher stellen sie sogar die „Zukunftskrankheiten“ dar.
Von verschiedenen Autoren ist zu hören, daß diese Entwicklung in dem hohen Betriebsmittelaufwand der heutigen Landwirtschaft begründet sei. Damit sind folgende Intensitätsfaktoren angesprochen:

— Die Benutzung der neuen Pestizide und Wuchsstoffe, die Jahr für Jahr auf den Markt kommen.
— Die Benutzung der synthetischen Dünger, allen voran der Stickstoffdünger.

Pestizide und Bakteriosen
Schon vor 25 Jahren vermutete RIDE (1962), daß die Zunahme der bakteriellen Krankheiten mit der Anwendung verschiedener synthetischer Stoffe zusammenhängt. Er bemerkte außerdem, daß in manchen Obstbau-Betrieben die Aufgabe des Kupfers im Laufe des letzten Jahrzehnts von einer Verschärfung der Pseudomonas syringae-Bakteriosen begleitet war.
Nach RIDE (1962) werden die Krankheitsbilder des Pseudomonas syringae-Befalls oft mit denen von Virosen oder Mangel-Krankheiten verwechselt. Die Ähnlichkeit mit den Mangelerscheinungen könnte darin eine Erklärung finden, daß, so RIDE weiter, „Bakteriose häufiger in Obstanlagen auftritt, die überhaupt nicht mehr mit Kupfer, sondern nur mit organisch-synthetischen Fungiziden behandelt werden“.
RIDE kam zu folgendem Schluß: „Im Kampf gegen Bakteriosen haben sich nur die Kupfersalze (und Zinksulfat im besonderen Fall von Xanthomonas pruni) bewährt.“ DEEP und YOUNG (1965, in DAVET, 1981) haben ähnliche Beobachtungen gemacht: Kirschbäume, die mit Captan und Dichlone (in der BRD seit 1981 nicht mehr im Handel) gegen die Wurzelfäulepilze (Chaloropsis und Thislaviopsis) behandelt wurden, erfuhren einen verstärkten Wurzelkropfbefall (Agrobacterium tumefaciens). Nach Meinung der Autoren ist der Effekt auf die Vernichtung von Feindpilzen zurückzuführen.
Diese vom Darwinschen Gedankengut geprägte Erklärung ist alles andere als sicher. Wenn man die Pflanze selbst nicht außer Acht läßt, muß man zwei Veränderungen berücksichtigen:

— den Wegfall mineralischer Präparate (insbesondere Kupfer);
— die Benützung synthetischer Pestizide.

Während Mineralstoffe eine fördernde Wirkung auf den pflanzlichen Stoffwechsel haben können, besitzen die neuen Pestizide erwiesenermaßen die Eigenschaft, den Eiweißaufbau zu hemmen. Hierin sehen wir den wahren Grund für die Verschärfung der bakteriellen Erkrankungen nach mancher Pestizidbehandlung.

Wuchsstoffe und Bakteriosen

Der Feuerbrand der Birne (Erwinia amylovora) ist eine Bakterienkrankheit, die vornehmlich über die Blüten übertragen wird. Diese Organe befinden sich in einem Zustand des Eiweißabbaus. Im Birnenanbau werden Wuchsstoffe eingesetzt, um den Blütenabwurf zu verhindern. Inzwischen weiß man, daß diese Wuchsstoffe auch die Nachblüte fördern, wodurch die Bäume der Infektionsgefahr länger ausgesetzt sind.

Für die Bedeutung der Wuchsstoffe gegenüber den Bakteriosen gibt es andere Beispiele. Die 2,4-D-Dichlorphenoxyessigsäure ist ein synthetisches Hormon, das als Herbizid eingesetzt wird. Seine Wirkung besteht in dem unkontrollierten Wuchs verschiedener Gewebe mit Abschnürung der weicheren Gewebepartien, was zur Verstopfung der Leitbahnen führt. In diesem tödlichen Stadium kann eine zerstörerische Ausbreitung von Bakterien und Pilzen in den inneren weichen, nährstoffreichen Gewebepartien beobachtet werden (Autorenkollektiv, 1979).

Dies ist natürlich ein Extremfall, durch den die Vernichtung des Unkrauts angestrebt wird. Herbizide haben dennoch ähnliche Auswirkungen auf die Kulturpflanzen, wenn auch in viel kleinerem Ausmaß. Generell kann man sagen, daß „jedes Herbizid für jede Pflanze giftig ist“ (Autorenkollektiv, 1979), denn die gezielte Wirkung nur gegen bestimmte Unkräuter ist bei weitem nicht perfekt. Daraus entstehen Nebenwirkungen in Form einer erhöhten Empfindlichkeit der Kulturpflanze gegenüber Bakterien und anderen Schaderregern durch Hemmung des Eiweißaufbaus.

Abschließend möchten wir anmerken, daß Wuchsstoffe in diesem Zusammenhang den besten Beweis für die Wichtigkeit des gesunden Ernährungszustands der Pflanze und damit ihrer Widerstandskraft liefern.

4.3. Bakterielle Krankheiten und Umweltfaktoren

Stickstoff und Bakteriosen

Welche Rolle der Stickstoff (N) für die Vermehrung der Bakterien spielt, wollen wir uns an verschiedenen Forschungsergebnissen deutlich machen.

McNEW und SPENCER (1939) haben in Versuchen mit Mais gezeigt, daß die Fäulnisbakterien Pseudomonas stewarti ihren Stickstoffbedarf aus dem Saft in den holzigen Gefäßen decken. Je mehr N in den Gefäßen der holzigen Teile transportiert wird, desto besser sind die Mikroorganismen also versorgt. Die obengenannten Autoren haben auch die Wichtigkeit der N-Aufnahme für die Wirksamkeit der Bakterienstämme nachgewiesen. Stämme, die Mineral-N nur schlecht verwerten können, sind wenig aggressiv. Höchst angriffslustige Pseudomonas-stewarti-Stämme findet man auf Pflanzen, die einen hohen Stickstoffgehalt besitzen. Die Autoren kommen deshalb zu folgendem Schluß: „Als Schmarotzer ist dieses Bakterium auf mineralischen Stickstoff angewiesen."

Nach NIGHTINGALE (in McNEW und SPENCER, 1939) steht die Ausbreitung des Feuerbrand-Erregers Erwinia amylovora in den Rindengeweben junger Apfeltriebe in Beziehung zu der vorhandenen Menge an organischem Stickstoff. Dabei kann dieser durch die Düngung des Baumes mit mineralischem Stickstoff vermehrt werden.

GALLERY und WALKER (1940) sind bei ihren Untersuchungen über die bakterielle Braunfäule (Pseudomonas solanacearum) an Tomate zu folgenden Ergebnissen gekommen:

— die Krankheit breitet sich bei einem Gehalt von Dextrose-Zucker von 2 % in der Nährlösung schneller aus als bei 1 %.
— Die Bakterien vermehren sich intensiver, wenn die Nährlösung Peptone (Produkte der Eiweißspaltung) enthält.

LIPKE (1968) hat gezeigt, daß die Befallsstärke von Xanthomonas malvaceum auf Baumwolle mit dem Gehalt an Alanin, Buttersäure und Kalium zusammenhängt. Die Bedeutung des Kaliums für den Eiweißaufbau ist bekannt: Kaliummangel bewirkt eine Zunahme der löslichen Stickstoffverbindungen, die Vorstufen des Eiweißes. Deshalb ist anzunehmen, daß die Empfindlichkeit der Baumwollpflanzen eine Folge des vorherrschenden Eiweißabbaus in den Geweben ist — eine Bestätigung unserer Trophobiose-Theorie.

VERNA und SINGH (1974) haben sich ebenfalls mit der Widerstandskraft der Baumwolle beschäftigt. Ihre Versuche deuten darauf hin, daß die Empfindlichkeit der verschiedenen Baumwollsorten eine Folge mehrerer ernährungsphysiologischer Einflüsse ist. Der Stickstoffgehalt erweist sich als ein begrenzender Faktor für das Bakterienwachstum, während die Zucker, wenn überhaupt, nur eine untergeordnete Rolle spielen.

Bedeutung des Kationen-Gleichgewichtes

Im zweiten Kapitel haben wir gesehen, daß das Verhältnis des Kaliums zu anderen Kationen in der Nährlösung die Umsetzungen in der Pflanze zu beeinflussen vermag. Insbesondere hängt das Gleichgewicht Eiweißaufbau zu Eiweißabbau von dem Kalium-/Calcium-Verhältnis ab. Versuche von TEJERINA et al. (1978) haben gezeigt, daß bestimmte Verbindungen der Gehalte an N, K, Ca und Mg in der Nährlösung eine vollkommene Unempfindlichkeit von Bohnen gegenüber der Schwarzbeinigkeit (Erwinia carotovora) bewirken können. Ein hoher Ca-Pegel kann sogar den Einfluß des Stickstoffs aufheben.
Untersuchungen von FORSTER und ECHALDI (1975) über die Widerstandskraft der Tomate gegenüber der Bakterienwelke (Corynebacterium michiganense) belegen, daß der Ca-Gehalt in der Nährlösung auch die Aufnahme anderer Kationen beeinflußt. Der Anteil der befallenen Pflanzen steht deshalb in einer engen negativen Korrelation zum Verhältnis Ca + Mg/K + Na.

Bedeutung der Tageslänge

Aus den Forschungsergebnissen von GALLEGLY und WALKER (1950) über die bakterielle Braunfäule (Pseudomonas solanacearum) der Tomate sind folgende Punkte besonders interessant:

- an langen Tagen wächst der Gehalt an Zuckern, Stärke und unlöslichen Stickstoffverbindungen in den Geweben: Die Pflanze befindet sich in einem Zustand verstärkten Eiweißaufbaus.
- an kurzen Tagen dominiert der Eiweißabbau. Die Pflanze enthält weniger Kohlehydrate und mehr löslichen Stickstoff.

Aus diesem Grund schwankt die Aggressivität der Bakterien im Laufe des Jahres. „Pflanzen, die an kurzen Tagen gleichzeitig lösliche N-Verbindungen und Kohlehydrate aufweisen, sind für die Parasiten mit einer

Nährlösung aus Mineralstoffen, Dextrose und Peptonen vergleichbar. An solchen Tagen ist eine Ausbreitung der Krankheit zu erwarten" (GALLEGLY und WALKER, 1950).

Bedeutung der Pfropfunterlage

Es ist bekannt, daß manche Unterlagen empfindlich, während andere resistent sind. Dabei ist es vielmehr das Edelreis, das durch den Einfluß der Unterlage in seiner Widerstandskraft geschwächt oder gestärkt wird. So wird zum Beispiel die Anfälligkeit der Birne gegenüber dem Feuerbrand durch eine Bartlett-Unterlage gesteigert.

DUQUESNE und GALL (1975) kommen aufgrund neuerer Erkenntnisse über den Zusammenhang zwischen Nährstoffversorgung und Anfälligkeit der Obstbäume zu folgendem Schluß: „Wahrscheinlich beeinflußt die Unterlage die Ernährung des aufgepfropften Edelreises. Wenn die Nährstoffversorgung mangelhaft ist, wird das Edelreis geschwächt."

Untersuchungen von BLANC-AICARD und BROSSIER (1962) über die Birne haben gezeigt, daß das Kationen-Verhältnis sowie das Verhältnis zwischen ein- und zweiwertigen Ionen von der Unterlage abhängt. Diese Werte könnten als Kenngrößen für den Stoffwechsel des Edelreises herangezogen werden. Ihr Zusammenhang mit dem Gehalt an löslichem Stickstoff sollte näher untersucht werden.

Dann könnte es sich herausstellen, daß die allgemein beklagte Empfindlichkeit der Passe-Crassane-Birne gegenüber dem Feuerbrand nicht nur in der Sorte selbst begründet liegt, sondern auch in der üblichen Quitte-Unterlage.

4.4. Wie Pflanzenschutzmittel in die Beziehung von Pflanze zu Parasit eingreifen

Die Beziehung zwischen Pflanze und Schadbakterium

Aus den vorausgegangenen Abschnitten geht hervor, daß die Bakterienkrankheiten keine Ausnahme zur Trophobiose-Regel bilden. Ihre Ausbreitung geschieht, wenn in der Pflanze ein Eiweißabbau stattfindet und sie damit Bakteriennährstoffe enthält.

Zu dieser Überzeugung kamen auch TEJERINA et al. (1978): „Die Krankheitswirkung der Mikroorganismen wird nicht nur von erblichen, sondern auch von ökologischen Faktoren gesteuert. Dies können zum Beispiel Düngemittel sein, die zu Veränderungen der Versorgung oder des Aufbaus von Pflanzengeweben führen. Die unter diesem Einfluß von den Geweben erzeugten Stoffe bestimmen die Entwicklung der Bakterien in der Pflanze, denn die Beziehungen zwischen den beiden Organismen werden durch den Austausch chemischer Substanzen geprägt."

Die Wirkungsweise des Kupfers

1946 stellte DEMOLON fest, daß die Bordelaiser- oder Kupferkalk-Brühe zwar große Erfolge in der Peronospora-Bekämpfung ermöglicht hatte, die spezifische Rolle des Kupfers aber immer noch unklar war. Nach seiner Meinung sollte die Wirkungsweise des Metalls besser untersucht werden, um weitere Fortschritte zu erzielen und weniger teure Bekämpfungsverfahren zu entwickeln.

Vierzig Jahre sind vergangen und wir wissen zum Beispiel immer noch nicht, warum Kupfer einerseits keine Wirkung auf einzelne Bakterien zeigt, andererseits aber eine langanhaltende Hemmung von Bakterienkrankheiten bewirkt. Wir meinen, daß es dafür nur eine logische Erklärung geben kann: Das Bakterium wird nicht geschwächt, sondern die Pflanze wird gestärkt.

In Übereinstimmung mit dem vorher Gesagten muß diese Stärkung in einer Abnahme des Gehaltes an löslichem Stickstoff in den Pflanzengeweben bestehen.

Diese Schlußfolgerung wird durch die Versuche von PRIMAVESI et al. (1972) zur Piriculariose an Reis (Piricularia oryzae) bestätigt. PRIMAVESI stellte fest, daß Kupfer-Mangel zu N-Überschuß führt, wodurch die Krankheitsausbreitung ausgelöst wird. Bei einem Stickstoff-/Kupfer-Verhältnis von 35,0 blieb der Reis gesund, bei 54,7 erkrankte er.

Nach PRIMAVESI ist das mineralische Ungleichgewicht für die Anfälligkeit der Pflanze verantwortlich: „Die Verseuchung des Bodens, des Saatguts und des Wassers mit Erregersporen hat keinen Einfluß auf die Gesundheit der Pflanze, wenn die Nährstoffversorgung ausgeglichen ist. Sogar empfindliche Sorten bleiben in diesem Fall gesund." An anderer Stelle gibt der Autor an, daß ein Gehalt von 18 ppm Mangan und 2 ppm Kupfer im Boden für die Gesunderhaltung der Reispflanzen genügen.

Wir sehen in diesen Ausführungen zwei besonders wichtige Aussagen:

- der Ernährungszustand der Pflanze ist entscheidend;
- die Wirkung des Kupfers — wie auch des Mangans — besteht in einer Förderung des Eiweißaufbaus.

Die Wirkungsweise der Dünger und Pestizide auf die Aufnahme von Spurenelementen

Es ist allgemein bekannt, daß schon eine geringfügige Erhöhung des Gehalts an Stickstoff in der Pflanze den Befall durch Parasiten begünstigt. Wir wissen auch, daß die Behandlung der Pflanze mit synthetischen Fungiziden, Insektiziden oder Herbiziden in der Regel zu einer solchen Erhöhung führt. Schon daraus läßt sich die gesundheitsabträgliche Wirkung der Pestizide ableiten.

Wir möchten noch einen Schritt weitergehen und zeigen, daß Kunstdünger und Pestizide auch direkt — durch die Hemmung bestimmter Stoffwechselvorgänge — pflanzenschädlich sind. Insbesondere haben die hohen und wiederholten Gaben von N-Kunstdünger eine Sperrung der Aufnahme verschiedener Spurenelemente, unter anderem des Kupfers, zur Folge. Dies führt zum Beispiel zu Verminderung des Blutzuckers (Hypoglykämie) und zu Fruchtbarkeitsproblemen bei Tieren, deren Futter nicht genügend Kupfer enthält.

Pestizide enthalten ebenfalls Stickstoff und die meisten von ihnen auch Chlor. Chlor ist dafür bekannt, daß es den Eiweißaufbau hemmt und den Abbau fördert. Dadurch entsteht die obengenannte Anreicherung von löslichen N-Verbindungen bei Pestizidbehandlungen und so die gesteigerte Anfälligkeit der Pflanzen.

Außerdem wurde nachgewiesen, daß steigende N-Gaben auch eine Minderung des Borgehaltes in den Blättern von Kirschbäumen verursachen (HUGUET, mündliche Mitteilung) (s. Tab. 2). Der Borgehalt nimmt auch bei jährlich gleichen N-Gaben ab, so daß das Optimum nach einer gewissen Zeit unterschritten wird. Zum Zeitpunkt der Mitteilung waren jedoch noch keine Mangelerscheinungen zu beobachten.

Es wäre denkbar, daß N-haltige Pestizide (das sind fast alle Fungizide und Insektizide, die mehrmals jährlich gespritzt werden, eine sich verstärkende Wirkung besitzen und nach mehreren Jahren zu Bormangel führen. Dies könnte die Erklärung für eine Reihe von Krankheitsausbrüchen sein, die Pflanzenmedizinern und Landwirten Rätsel aufgeben.

Tab. 2: Beziehung zwischen N-Gabe und Borgehalt in den Blättern bei Kirsche

N (kg/ha)	Borgehalt (ppm)
0	24
100	14
200	16
300	15

Zu Recht warnen viele Beobachter davor, die Erscheinungsformen von biotischen Krankheiten (Schädlingsbefall) mit denen von Ernährungsmängeln zu verwechseln. Schon vor zwanzig Jahren glaubte TROCMÉ (1964): „Es ist nicht auszuschließen, daß Beziehungen zwischen Nährstoffmangel und biotischen Krankheiten bestehen. Sei es, daß der Mangel die Krankheit fördert oder daß die Krankheit die Mangelerscheinung begünstigt. So könnten Bäume, denen Bor oder Zink fehlt, empfindlicher auf bestimmte Virus- oder Bakterienkrankheiten reagieren."
Die Fachleute haben aber bis heute diese Fragen noch nicht ausreichend beantwortet. Vielleicht liegt das an einem geistigen Mangel — dem Mangel an Erkenntnissen über die Beziehungen zwischen Wirt und Schädling.

Ein Beispiel: Fungizide
Die vorausgegangene Kritik an dem chemischen „Pflanzenschutz" läßt sich durch zahlreiche Nachweise ihrer indirekten Effekte am Beispiel der Fungizide unterstützen.
Nach RIDE (1973) sind bestimmte Fungizide durchaus zur Bekämpfung der Bakterienkrankheit des Birnenrindenbrandes geeignet (Erwinia amylovora) — aber nur im Labor, denn im Freien sind sie unwirksam. PRIMAVESI et al. (1972) berichten über die Nutzlosigkeit der Fungizidbehandlungen zur Bekämpfung der Piriculariose an Reis (Piricularia oryzae), und PARMENTIER (1959) verneint die Wirksamkeit dieser Stoffe gegenüber dem Getreidemehltau. SOENEN (1975) ist der Meinung, daß die neuen Wirkstoffe zur Pilzbekämpfung nicht notwendigerweise pilztötende Eigenschaften haben, sondern die biochemische Beziehung zwischen Wirt und Schädling verändern können.

Hier muß gesagt werden, daß der Kampf gegen Bakterien mit Hilfe von chemischen Giften aussichtslos ist. Es geht weniger darum, den Schädling zu vernichten, als ihn daran zu hindern, die Pflanze zu befallen und sich in ihr zu vermehren.

Doch es gibt auch Beispiele für neue, erfolgreiche Behandlungsmethoden: Wir wollen einige von ihnen näher betrachten. STARON et al. (1970) haben mit einem Breitbandantibiotikum (Tetracyclin) eine Gesundung von Paprika- und Tabakpflanzen erreicht, die von der Welkekrankheit (Stolburkrankheit) befallen waren. Die Blätter der kranken Pflanzen enthielten 50 % weniger Eiweiß als normal; der Heilungsprozeß war von einer Zunahme des Eiweißgehaltes in den Geweben begleitet. Tabakpflanzen, die von AHL et al. (1980) mit abgeschwächten oder toten Bakterien infiziert wurden, waren nicht nur gegen andere Bakterienangriffe immun, sondern auch gegen den Tabakmosaikvirus. Die eingebrachte Abwehrkraft konnte auf den Aufbau neuer Eiweißformen zurückgeführt werden; Widerstandskraft und Eiweißgehalt bedingen sich gegenseitig.

Die Wirkung des neuen Fungizids Aluminiumfosetyl liegt nicht in einer direkten Vertilgung der Schadpilze (BOMPEIX, 1981). Vielmehr ist anzunehmen, daß der Stoff in den Pflanzenumsatz eingreift und den Eiweißaufbau fördert.

4.5. Schlußfolgerungen
Neue Aussichten im Pflanzenschutz

All dies führt uns zu einem neuen Ansatz für die Bekämpfung der Schaderreger.

Die erste Konsequenz besteht darin, die Anwendung jeglichen Pestizids abzulehnen, von dem nicht alle kurz- und langfristigen Nebenwirkungen bekannt sind. Unerwünschte Wirkungen sind insbesondere von allen Stickstoff oder Chlor enthaltenden Verbindungen zu erwarten, da sie zur Störung des Stoffwechsels mit Spurenelementen neigen. Wichtig ist außerdem, die Wirkung wiederholter Behandlungen — innerhalb eines Jahres oder bei Dauerkulturen über mehrere Jahre hinweg — zu untersuchen.

Wenn gewährleistet ist, daß man der Pflanze keinen Schaden zufügt, müssen Methoden zur Förderung des Eiweißaufbaus entwickelt werden.

Dies hat zum Ziel, vor allem in den empfindlichen Entwicklungsstadien der Pflanze die Ernährungsgrundlage der Schaderreger soweit wie möglich zu vermindern. Da man annehmen muß, daß Krankheiten in mehr oder weniger direktem Zusammenhang mit dem Mangel an bestimmten Nährstoffen entstehen, empfiehlt es sich, entsprechende Untersuchungen durchzuführen.
Allerdings bleibt zu beachten, daß Mangelerscheinungen an der Pflanze meist auf mangelndes Aufnahmevermögen hinweisen, während Stoffmangel im Boden sehr viel seltener vorkommt. Der Schaden kann durch richtige Versorgung und Verbesserung des Stoffwechsels behoben werden.
Als Folgerung unserer Ausführungen schlagen wir vor, die Schädlingsbekämpfung durch eine gleichmäßige und natürliche Nährstoffversorgung zu gewährleisten. Dadurch entsteht die natürliche Resistenz, womit das Übel in der Ursache beseitigt werden kann. Unsere bisherigen Ergebnisse mit solchen Verfahren auf dem Gebiet der Pilzkrankheiten ermutigen uns denn auch, die Versuche auf Virosen und Bakteriosen auszuweiten. Mehr und mehr erscheint uns dieser Weg als der einzig erfolgsversprechende.

Kapitel 5
Viruskrankheiten

„Es ist auch durchaus denkbar, daß bestimmte, normale Zellkernstoffe unter besonderen Bedingungen krankheitserregend für den sie enthaltenden Organismus werden können. Als Ursache kommen Faktoren in Frage, die den Stoffwechsel entweder in seinem Gleichgewicht oder in den relativen Geschwindigkeiten seiner verschiedenen Umsetzungen verändern. Immer mehr Biologen sind der Ansicht, daß die Zelle auf diese Weise ihre eigenen Viren herstellen könnte."

Maurice Rose und P. Jore d'Arces
(Entwicklung und Ernährung, Paris, 1957)

5.1. Die Beziehungen zwischen Wirtspflanze und Virus

Viruskrankheiten treten — wie auch Bakterien- und Pilzkrankheiten — immer häufiger auf. Deshalb soll geprüft werden, ob Virosen wie auch andere Krankheiten von den Umweltfaktoren und der Nahrungsversorgung abhängig sind.

Alle Virosen haben bestimmte, charakteristische Eigenschaften gemeinsam:

— sie befallen den gesamten Bestand;
— sie sind unheilbar;
— sie werden durch Pfropfung übertragen;
— ihre Symptome können unterschiedlich ausfallen;
— die Pflanzen besitzen keine Abwehrmechanismen.

Über den letzten Punkt läßt sich streiten. Wir meinen, daß es „Abwehrmechanismen" im Sinne der Ausscheidung giftiger Stoffe nicht gibt. Schadorganismen werden vielmehr dadurch abgewehrt, daß sie ihren Nährstoffbedarf auf einer gesunden Pflanze nicht decken können.

Die von Fall zu Fall variierenden Symptome sind auf den jeweiligen Zustand der Pflanze, also indirekt auf die Umweltbedingungen, zurückzuführen.

Diese Zusammenhänge werden durch die immunisierende Wirkung von Impfungen bestätigt. LIMASSET und CAIRASCHI (1941) kamen nach

Versuchen zur Immunität von Tabakpflanzen, die mit dem Ringfleckigkeitsvirus geimpft wurden, zu dem Schluß: „Es handelt sich um eine erworbene Toleranz der Pflanze gegenüber dem Virus. Die Pflanze ist geheilt, weil sie nicht mehr auf den Schädling reagiert. Nicht der Virus verursacht die Krankheit, sondern die heftige Reaktion der befallenen Zellen."

Die Bekämpfung der Virosen muß sich also auf die Wirtspflanzen und nicht auf die Viren selbst konzentrieren. Hierfür muß man wissen, daß die Beziehung zwischen den beiden Organismen drei Formen einnehmen kann:

1. Die fremde Zellkernsäure zwingt der Wirtszelle ihre genetische Zusammensetzung (Code) auf, woraufhin die Zelle nur noch Virus-Eiweiße herstellt. Dieser Beziehungsverlauf ist der häufigste.
2. Die Zelle nimmt das fremde Zellkerneiweiß nicht an. Sie baut die Bestandteile des Virus in ihre eigenen Eiweiße ein und überlebt. Die Aufnahme dieser von außen kommenden Stoffgruppen löst eine Widerstandskraft des Gewebes aus, die zur erworbenen Resistenz führt.
3. Die Zelle läßt sich von dem Virus nicht erobern und kann ihn auch nicht zerstören. Sie baut einen Teil seiner Zellkernsäuren in ihre eigenen Strukturen ein. Es entsteht dann eine schlummernde Infizierung. Diese ist unsichtbar, dauerhaft und kann jederzeit ausbrechen.

Diese Ausführungen stammen von LÉPINE (1973). Sie unterstreichen die Bedeutung der Faktoren, die die Anfälligkeit einer Pflanze ausmachen.

Es sei abschließend darauf hingewiesen, daß viele ehemals „Virosen" genannte Krankheiten heute auf andere Schaderreger zurückgeführt werden, die mit Hilfe des Elektronenmikroskops entdeckt werden konnten.

5.2. Einfluß der mineralischen Düngung

Auf diesem Gebiet wurde wenig geforscht. Weil die Entwicklung der Viren sich auf Kosten der Aufbauprodukte der Zelle vollzieht, haben die meisten Pflanzenmediziner die Rolle der mineralischen Ausgangsstoffe vernachlässig.

„Viren sind zwangsweise Schaderreger. Daher muß ihre Ausbreitungsfähigkeit von dem Stoffwechsel der Pflanze abhängig sein und indirekt von dem Nährstoffangebot im Boden." Als BAWDEN und KASSANIS dies 1950 feststellten, konnten sie sich nur auf Versuche über den Zusammenhang zwischen Stickstoffdüngung und Befall durch Tabakmosaikviren oder X-Viren an Kartoffeln stützen.

Stickstoffdüngung

Untersuchungen von MARTIN (1977) haben scheinbare Widersprüche im Zusammenhang zwischen Nährstoffversorgung und Symptomerscheinung hervorgebracht: So hat eine hohe N-Gabe ausgeprägtere YD-Virus-Symptome an Zwiebeln, aber geringere Blattrollerscheinungen an Kartoffeln bzw. Vergilbungskrankheitssymptome an Rüben zur Folge. Im Versuch zeigten manche Rübensorten auch bei maximalen N-Gaben keine Symptome, obwohl die Pflanzen zu 100 % angesteckt waren.

Diese Ergebnisse verdeutlichen, daß die Vermehrung der Viren und das Auftreten äußerer Erscheinungen nicht miteinander verwechselt werden dürfen. Hohe Stickstoffgaben fördern nicht nur den Pflanzenwuchs, sondern auch die Virusvermehrung. Die Symptome treten erst auf, wenn der Wettlauf um Nährstoffe zwischen Pflanze und Virus zu Gunsten des letzteren ausfällt.

Zu diesem Thema schrieb CERVENKA (1966, in RASOCHA, 1973): „Die Nährstoffversorgung übt einen großen Einfluß auf den Gesundheitszustand der Pflanze aus. Insbesondere ist das Verhältnis zwischen N, P und K für die Symptomerscheinungen, aber auch für die Widerstandskraft und die Infektionsverbreitung von Bedeutung."

Nach BÖNING (1967) bewirken übermäßige N-Gaben auf Kartoffel eine Verlängerung der Vegetationsdauer — und den Ausbruch von Virose-Schäden.

Man darf hierbei nicht vergessen, daß Düngemittel das Nährstoffangebot nicht nur direkt, sondern auch auf dem Wege der Bodenlebewesen beeinflussen. Die Wirkungen auf die Bodenorganismen und -fauna können die Verfügbarkeit von Nährstoffen und Spurenelementen einschränken.

Phosphordüngung

Ausgewachsene Pflanzen sind weniger anfällig als junge. Da alkalische Phosphordünger den Reifungsprozeß beschleunigen, besitzen sie auch eine günstige Wirkung gegenüber Viruskrankheiten.

RASOCHA (1973) hat Untersuchungen über die Widerstandskraft der Kartoffel gegenüber der Strichelkrankheit (Y-Virus) in Abhängigkeit der NPK-Düngung durchgeführt. Seine Ergebnisse zeigen große Unterschiede in der Gesundheit der Pflanzen, wobei die ungedüngten und die P-gedüngten Bestände am besten abschnitten.

Tab. 3: Anteil gesunder virusfreier Kartoffelpflanzen in Abhängigkeit der Düngung

Düngergabe	gesunde Pflanzen in %
ungedüngt	40,9
Zusatz P_2O_5	32,2
Mangel K_2O	25,1
Zusatz K_2O	23,8
NPK-Standard (Vergleich)	20,7
Überschuß N	16,7
Überschuß P	16,4

Nach RASOCHA war auch der Zeitpunkt der künstlichen Ansteckung von Bedeutung. Bei späterer Ansteckung kam es bei weniger Pflanzen zum Befall. Dies hängt mit dem Verhältnis Eiweiß-N/löslicher N zusammen, das mit der Reife zunimmt. Deswegen sind Pflanzen, die zuviel N und zu wenig P bekommen haben, maximal geschädigt; im Gegensatz zum Phosphor verzögert N die Reife.

Versuche von BAWDEN und KASSANIS (1950) mit Kartoffeln haben folgende Tendenzen gezeigt:

— P fördert nicht nur das Pflanzenwachstum, sondern auch den Gehalt an Viren im Pflanzensaft.

— K beschleunigt ebenfalls das Pflanzenwachstum, aber es senkt die Konzentration an Viren.

Im Zusammenhang mit den Ergebnissen von RASOCHA bedeutet dies, daß die Befallsstärke in erster Linie von der Nährstoffversorgung der Pflanze abhängt — und nicht von der Menge vorhandener Viren.

Dieser Standpunkt wird auch von den Untersuchungen von BAWDEN und KASSANIS (1950) über Tabak bestätigt, bei denen die Vermehrung und Verbreitung der Viren schneller vonstatten ging, wenn die Pflanzen gesund und gut mit Nährstoffen versorgt waren.

Kaliumdüngung

Die Wirkung des Kaliums auf die Widerstandskraft ist, wie die des Phosphors, positiv. Schon 1936 hatte DUFRENOY eine höhere Anfälligkeit bei Pflanzen festgestellt, die nicht genug mit Kalium versorgt waren (Abb. 2).

In seinen Untersuchungen über das N/P/K-Verhältnis in der Düngung fand RASOCHA heraus, daß

— die Symptome der Strichelkrankheit an Kartoffel,
— die Resistenz gegenüber Pilzerkrankungen und
— die Verbreitung des Virus in der Pflanze durch das Nährstoffverhältnis beeinflußt werden.

Nach RASOCHA ist Kalium der wirksamste Nährstoff zur Verhinderung von Virosen, wobei die Düngerform eine wichtige Rolle spielt.

WARCHOLOWA (1968) erforschte den Zusammenhang zwischen der Höhe der K-Düngung einerseits und dem Befallsgrad durch die Vergilbungskrankheit der Rübe bzw. durch den Überträger, die Pfirsichblattlaus (Myzus persicae) andererseits: Bei K-Mangel traten die Symptome früher auf, und sie führten zu höheren Schäden; bei den höchsten K-Gaben waren die Rüben am gesündesten.

Der Einfluß des Kaliums erstreckt sich auch auf die biochemische Zusammensetzung der Gewebe. Während die Vergilbungskrankheit den Gehalt an Einfachzuckern erhöht, wirkt K dem entgegen. Dadurch wird der Verlust an Zucker eingeschränkt — der Ertrag steigt mit zunehmendem K-Gehalt in der Nährlösung.

Die Wanderung der Aminosäuren von ihrem Herstellungsort zu ihrem Funktionsort ist an K gebunden. Deswegen vermag dieser Nährstoff die pflanzliche Eiweißbildung wesentlich zu bestimmen. Hierin liegt die Ursache für seine positiven Eigenschaften.

Auch NGUYEN et al. (1972) haben NPK-Versuche gemacht. Ihre Ergebnisse zeigen, daß mit einer richtigen Dosierung drei Ziele gleichzeitig erreicht werden können:

— eine Senkung des Gehalts an Aminosäuren in den Geweben;

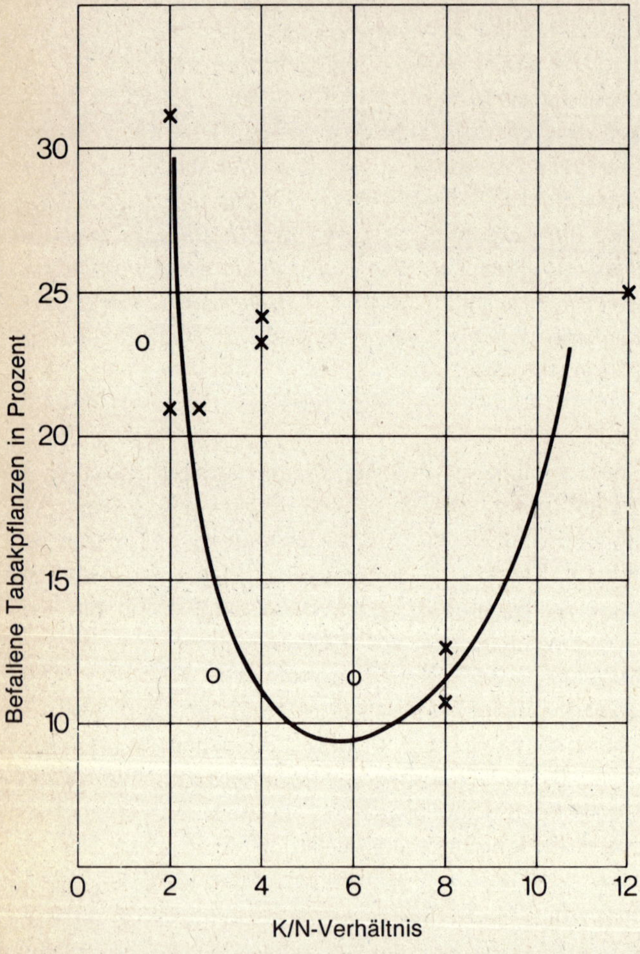

Abb. 2: Befallsstärke der Kräuselmosaikkrankheit (A-Virus) an Tabakpflanzen in Abhängigkeit des K/N-Verhältnisses (DUFRENOY, 1937)

— eine Beschleunigung des Aminosäure-Einbaus in Eiweiße;
— ein höherer Ertrag.

NGUYEN et al. unterstreichen die Wichtigkeit des Kaliums für einen optimalen Eiweißaufbau; bei Luzerne sei darüber hinaus das P/K-Verhältnis von großer Bedeutung. Am Beispiel der Leguminosen und ihrem besonderen N-Haushalt wird deutlich, daß der gleiche Düngungstypus unterschiedliche Auswirkungen bei Pflanzen mit unterschiedlichem Stoffwechsel haben kann.

Die Verfügbarkeit der Nährstoffe ist ebenso wichtig wie ihr Vorhandensein. Doch die Verfügbarkeit hängt nicht nur von der Düngung ab, sondern auch von der Pflanze. Die pflanzlichen Steuerungssysteme, mit denen Wuchs und Entwicklung reguliert werden, bestimmen auch die Nährstoffaufnahme und den Eiweißaufbau. Für ihr gutes Funktionieren sind verschiedene Ernährungsfaktoren entscheidend: Die Spurenelemente und die organische Düngung einerseits, die Wuchsstoffe und die Lebensgifte (Biozide) andererseits.

Spurenelemente

Wir haben die Zusammenhänge zwischen Mangel an Spurenelementen und Ausbrechen von biotischen Krankheiten in den vorausgegangenen Abschnitten schon erwähnt. Diese verschiedenen Störungsquellen führen oft zu ähnlichen Krankheitsbildern; nach DELAS und MOLOT (1967) erschweren die Symptome der Rebenvirosen (Verfärbungen, Blattrollen, Blattformveränderungen) das Erkennen von Mangelkrankheiten.

Diese Verwechselbarkeit läßt sich dadurch erklären, daß der Virusbefall eine Folge des Nährstoffmangels ist. Was von zahlreichen Pilzkrankheiten bekannt ist (z. B. Streifenkrankheit [Helminthosporium gramineum] an Gerste als Folge von Bormangel) gilt auch für Virosen.

In Tabelle 4 haben wir Mangelerscheinungen und Virosensymptome an der Rebe gegenübergestellt. Die Angaben stammen aus einem Werk mehrerer Autoren zum Thema Rebenvirosen.

Die Tabelle zeigt, daß wir es nicht nur mit einer „Ähnlichkeit" zu tun haben; vielmehr handelt es sich um eine Ursache-Wirkung-Beziehung. Daraus lassen sich Ansätze für die Krankheitsabwehr ableiten. Zur Verdeutlichung dieser Sachverhalte wollen wir einige Beispiele anführen.

Tab. 4: Ähnlichkeit zwischen Mangelerscheinungen und biotischen Krankheiten der Rebe

Krankheit	Mangel	weitere Schäden	andere Krankheiten mit ähnlichen Symptomen
Reisigkrankheit (4 verschiedene Viren)	Bor Zink	Verrieseln	Panaschüre Rotfärbung der Blätter
Blattrollkrankheit/ Frührotverfärbung	Bor Magnesium Kalium	Milben	Rotfärbung der Blätter
Mauke/Grind	Bor		Rebenbakteriose und Schwarzflecken-krankheit (Erwinia vitivora + Xanthomonas ampelina) Stammnarben (Phomopsis viticola)
Rotfärbung der Blätter	Bor		Piercekrankheit Blattrollkrankheit
Adernabsterben	Bor		Wurzelschimmel

LOCKARD und ASOMANING (1965) haben die Auswirkungen der Nährstoffversorgung auf den „swollen shoot virus" — Befall an Kakao (Theobroma cacao) untersucht. Sie stellten fest, daß bestimmte Triebverdickungen sowohl bei der Viruskrankheit als auch bei Kupfermangel auftreten — und folgerten daraus, daß wahrscheinlich eine Beziehung zwischen Nährstoffversorgung und Virose besteht.

Manche Virosen können mit Eisen- und Zinkbehandlungen (einzeln oder in Kombination mit Mangan) bekämpft werden. Die genannten Autoren konnten jedoch nachweisen, daß Cu für die Vermehrung des Virus unentbehrlich ist. Es wäre also möglich, daß Virus und Pflanze einen Wettkampf um bestimmte Stoffwechselprodukte führen; wenn der Schadorganismus gewinnt, treten Mangelerscheinungen auf.

LOCKARD und ASOMANING haben außerdem entdeckt, daß der Virus

— in den Blättern den Gehalt an Fe, Mn, Zn, B, Mo und Na senkt und den Al-Gehalt erhöht;

— in den Wurzeln den Gehalt an Fe, Al und Na senkt und den Mn-Gehalt erhöht.

„Die Widerstandsfähigkeit der Zuckerrübe gegenüber Blattläusen und Viren ist von verschiedenen Faktoren abhängig. Hierzu zählen die Konzentration an Hauptnährstoffen und Spurenelementen im Boden sowie die Faktoren, die den Gehalt an Zuckern und Aminosäuren in den Blättern beeinflussen" (RUSSEL, 1971/72).

Unter Glas haben Behandlungen mit Spurenelementen folgende Auswirkungen:

— Li, Zn und Ni begünstigen den Blattlausbefall, Bo vermindert ihn.
— Ni und Sn fördern die Vermehrung der Blattläuse.
— Li und Bo beschleunigen die Übertragung des Virus, Cu, Zn und Sn schränken ihn ein.

Von einer Förderung des Blattlausbefalls kann nicht auf eine verstärkte Verbreitung des Virus geschlossen werden. So haben mit Kobaltnitrat behandelte Pflanzen zwar mehr Blattläuse als solche, die mit Eisen behandelt wurden, aber nur wenige sind mit Viren infiziert.

Aus den Untersuchungen von RUSSEL kann folgende Wirkungskette abgeleitet werden:

Gehalt an Spurenelementen in den Blättern → pflanzlicher Stoffwechsel → Zusammensetzung der Schädlingsnahrung → Umfang des Blattlausbefalls.

RUSSEL weist außerdem darauf hin, daß die Konzentration an Spurenelementen im Boden von Stelle zu Stelle sehr unterschiedlich sein kann. Deswegen schwankt die Virusanfälligkeit der Pflanzen auch innerhalb eines Schlages recht stark.

Noch einmal sei darauf hingewiesen, daß Pestizide und Mineraldünger die Aufnahme von Spurenelementen hemmen können.

5.3. Einfluß der organischen Düngung

Die Beobachtungen von Praktikern ergeben meist nur Erfahrungswerte. Sie verdienen dennoch unsere volle Beachtung, vor allem wenn sie trotz großer zeitlicher und räumlicher Entfernung übereinstimmen.

HOWARD (1940) war Leiter des Instituts für Pflanzenschutz in Indore (Indien). Er hat verschiedene traditionelle Anbauverfahren beschrieben, die der Gesunderhaltung der Pflanzen dienen. Nach seinen Worten konnte er von den Bauern in der Gegend von Pusa nur lernen, denn „ihre Erzeugnisse waren völlig frei von jedweder Krankheit".

Bei Tabakpflanzen zum Beispiel „verschwanden die Viren fast völlig, wenn folgendes beachtet wurde: Heranziehen gesunden Saatgutes, ordentliche Pflege und Verpflanzung der Setzlinge, sorgfältige Bodenbearbeitung".

Außerdem beobachtete HOWARD, daß eine mangelnde Bodendurchlüftung — z. B. bei Überflutungen — stets die Erscheinung von Krankheiten nach sich zieht. Eine gute Sauerstoffversorgung der Wurzeln ist in der Tat für die Eiweißbildung unerläßlich — und dadurch für die pflanzliche Gesundheit und Widerstandskraft.

HOWARD geht auch auf die positive Wirkung von Wirtschaftsdüngern und Humus auf die Widerstandskraft der Pflanzen ein. In diesem Zusammenhang bemerkt er, daß in Indore keine Virus- oder Pilzkrankheiten auf Baumwolle festzustellen sind. Bezüglich der Viruskrankheiten schreibt er: „Die Untersuchung befallener Pflanzen zeigt, daß der Eiweißhaushalt gestört ist. Der Eiweißaufbau ist gehemmt."

Diese Erfahrungen indischer Bauern stimmen mit Berichten aus China überein. CHOUARD (1972) schrieb nach einer Studienreise in China: „Es ist unter hiesigen Bauern bekannt, daß Kartoffelsetzlinge, die in den Bergen oder in der kalten Jahreszeit gezogen wurden, eine bessere Ertragsleistung aufweisen. Die chinesischen Anbauverfahren zielen nicht auf die Zerstörung bzw. Beseitigung der Viren, sondern auf eine Verringerung der Krankheitserscheinungen. Intensive Lichteinstrahlung und nächtliche Kälte besitzen günstige Eigenschaften, aber bis heute weiß niemand, auf welcher wissenschaftlichen Grundlage die Verminderung der Störungen beruht."

Deswegen ist nach CHOUARD die Anwendung von Erfahrungs-Methoden berechtigt. Hierzu möchten wir anmerken, daß der Unterschied zwischen Erfahrung und Wissenschaft manchmal kleiner ist, als allgemein angenommen wird. Dies gilt zum Beispiel für die breite Anwendung synthetischer Pestizide, deren Auswirkungen auf Pflanzenleben und Bodenleben unbekannt sind. Man kann sagen, daß der chemische Pflanzenschutz auch nur auf eine, allerdings nur kurze Erfahrung aufgebaut ist.

Der Erfolg der chinesischen Anbauverfahren beruht wahrscheinlich nicht nur auf den niedrigen Nachttemperaturen und der hohen Lichteinstrahlung, sondern auch auf den dort üblichen hohen Gaben an organischem Dünger. Diesen Zusammenhang wollen wir an einem weiteren Beispiel erläutern.

MEHANI (1969) hat den Befall einer Mosaikvirus-Krankheit an der Artischockensorte „Violet de Provence“ untersucht. In Tunesien bricht die Virose vorwiegend im zweiten und dritten Anbaujahr aus und verursacht erhebliche Ertragseinbußen. In Frankreich dagegen tritt die Krankheit auch an angesteckten Pflanzen nicht auf: „Die Ursache mußte in Faktoren liegen, die eine gute Entwicklung der Pflanzen hemmen.“

Er konnte schließlich zeigen, daß die tunesische Krankheit durch die Ausbringung von Wirtschaftsdünger zusammen mit den mineralischen Düngern praktisch ausgeschaltet werden kann (Abb. 3).

Der Erfolg lag also nicht in einer Vernichtung der Schädlinge, sondern in der gesteigerten Abwehrkraft der Pflanzen. Die Eigenschaft Viren zu ertragen, wird dadurch erworben, daß der Stoffwechsel in eine Richtung gelenkt wird, die einem starken Wachstum entspricht.

Noch sind sehr viele Fragen zu klären. Es ist jedoch anzunehmen, daß die Bedeutung des Wirtschaftsdüngers in seinen Mikroorganismen liegt: Die Bereicherung des Bodenlebens führt zu einer besseren Nährstoffversorgung der Pflanze.

5.4. Pestizide als Virusförderer

Die Bekämpfung der Viruskrankheiten kann nicht über die Zerstörung der Viren geschehen; vielmehr muß der pflanzliche Wirt gestärkt werden. Deshalb wurde von verschiedenen Forschern versucht, mittels Wirkstoffen die Umsetzungen in den Pflanzen zu steuern.

LIMASSET et al. (1948) behandelten Tabakpflanzen mit 2,4-D und beobachteten ihre Anfälligkeit gegenüber den Kartoffel-Viren X und Y. Er stellte fest, daß das Hormon keine direkte Wirkung auf die Viren besitzt. Auch die Ansteckung blieb von 2,4-D unbeeinflußt. Die Vermehrung der Viren war dagegen stark eingeschränkt — allerdings nur für einige Monate.

Es sei nebenbei angemerkt, daß 2,4-D viele negative Eigenschaften besitzt — ein Beispiel: 2,4-D macht Mais empfindlicher gegenüber Blattläusen, dem Zünsler (Ostrinia nubilalis) und dem Helminthosporium-Pilz (Blattfleckenkrankheit) (OKA und PIMENTEL, 1976).

McKENZIE et al. (1968 und 1970) haben gezeigt, daß Atrazin resistente und halbresistente Maissorten empfindlich gegenüber „maize dwarf

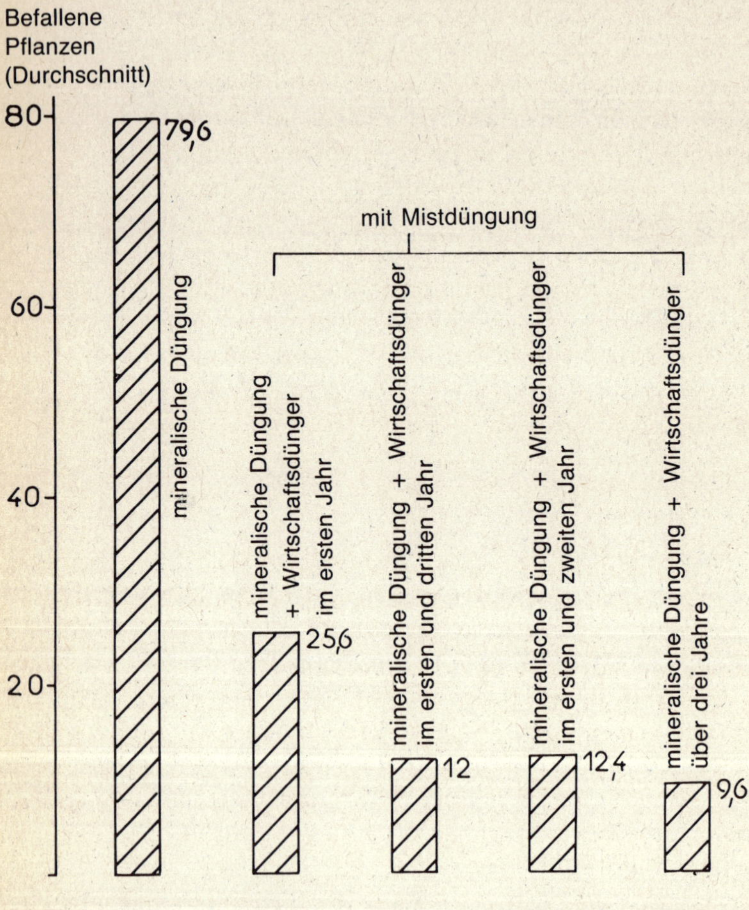

Abb. 3: Düngung und Mosaikvirus-Befall bei Artischocken (nach Zahlen von MEHANI, 1966)

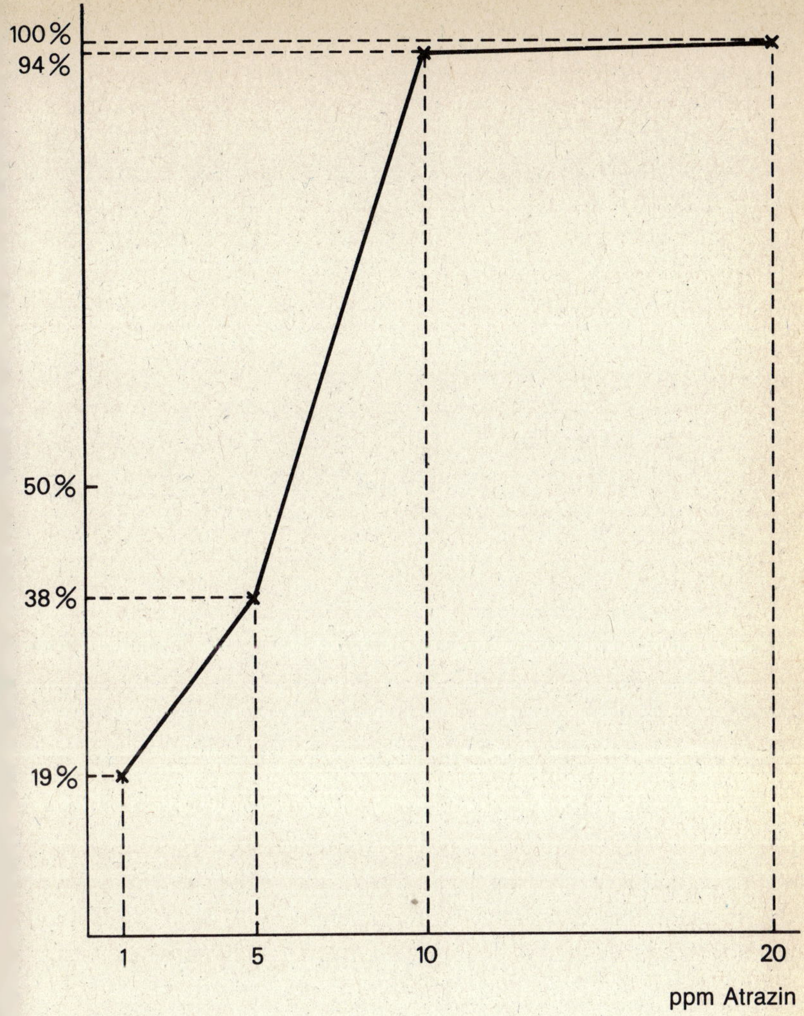

Senkrechter Maßstab = Zahl der Keimlinge mit Symptomen in Prozent
waagerechter Maßstab = ppm Atrazin in der Nährlösung (Laborversuch)
Bemerkung = 20 ppm ist die Standard-Menge an Herbizid: s. a. OKA und PIMENTEL

Abb. 4: Auswirkung des Atrazingehalts des Bodens auf die Krankheitserscheinungen von dwarf mosaic virus auf Mais (McKENZIE, COLE und ERCÉGOLVITCH, 1968)

mosaic virus“ macht. Bei 20 ppm Atrazin zeigen sogar 100 % der Maispflanzen die Krankheitserscheinungen (Abb. 4). Dies ist eine Folge der Veränderungen im Pflanzenwachstum, die durch das Herbizid hervorgerufen werden.

MISRA und SINGH (1975) haben ähnliche Untersuchungen durchgeführt. Die Pflanzen waren Chrysanthemen, der Virus Chrysanthemum stunt virus CSV und die Wirkstoffe Gibberellinsäure, 2,4-D und andere. Alle Wirkstoffe erhöhten den Stickstoffgehalt der Pflanzen. Da der zusätzliche Stickstoff in löslicher Form vorliegt, wird die Anfälligkeit der Pflanzen gesteigert.

MISRA und SINGH stellten außerdem fest, daß Asparaginsäure in kranken Blättern gebildet wird, in gesunden Blättern jedoch nicht vorkommt. Dies bestätigt unsere Annahme, wonach Virosen wie auch andere Krankheiten im Zusammenhang mit dem Eiweißabbau in der Pflanze stehen.

Die Versuche von ALTMANN und CAMPBELL (1977) zeigen, daß empfindliche Pflanzen durch Carbamate in ihrem Aminosäurehaushalt gestört werden. Nach diesen Autoren „könnte die Einschränkung des Eiweißaufbaus zahlreiche Nebenwirkungen der herbiziden Carbamate erklären ...“ wie zum Beispiel die hohen Krankheitsraten behandelter Getreidebestände.

CORS (1971) untersuchte die Folgen der Behandlung von Gersten-Saatgut mit Oxycarboxin. Er stellte fest, daß die Blätter der daraus gewachsenen Pflanzen mehr Mosaikviren enthielten. Also können nicht nur Herbizide, sondern auch Fungizide die Auslösung von Viruskrankheiten herbeiführen. Vielmehr sind alle Stoffe dazu in der Lage, die den Eiweißaufbau hemmen. *Viruskrankheiten sind also Wachstumshemmungskrankheiten und sie werden durch alle Faktoren begünstigt, die zur Wachstumshemmung beitragen.*

5.5. Die Arbeiten von VAGO und der Krankheitsbegriff

Zur Einführung seiner Dissertation (1956) schrieb VAGO: „Nach zwei Jahrhunderten pathologischer Forschung mit dem Ziel, Krankheiten als feststehende Einheiten zu definieren, ist heute eine neue Tendenz erkennbar. Sie fußt auf der Erkenntnis, daß pathologische Zustände kaum mit dem üblichen, eng begrenzten Krankheitsbegriff zu erfassen

sind.“ VAGO wollte mit seinen Versuchen über Insekten Licht in diese Frage bringen. Seine Schlußfolgerungen besitzen erstaunliche Parallelen zu unseren Feststellungen im Pflanzenreich. Sie führen uns deshalb zu einem allgemeinen biologischen Gesetz, das die gesundheitlichen Reaktionen auf Umweltfaktoren sowohl von Tieren als auch von Pflanzen beschreibt.
Folgende Umstände gaben den Anlaß für VAGOS Forschungen: In den 50er Jahren wurden die Seidenraupenzuchtanlagen eines Gebietes, das in der Windfahne einer Pflanzenschutzmittelfabrik lag, von einer Viruskrankheit heimgesucht. Dabei nahm die Stärke des Befalls mit der Nähe zur Fabrik zu.
VAGO führte Fütterungsversuche durch und kam zu folgenden Ergebnissen: Raupen, die Maulbeerblätter aus dem besagten Gebiet bekamen, waren zu 23 % befallen. Waren die Blätter gewaschen worden, so betrug der Befallsgrad 13 %. Raupen, die Maulbeerblätter aus unverseuchten Gebieten bekamen, waren nur zu 2 % befallen.
Der relativ hohe Befallsgrad bei gewaschenen Blättern zeigt, daß der giftige Niederschlag (es war Natriumfluorid, NaF) nicht allein bzw. direkt für die Krankheit verantwortlich ist. Vielmehr sind die Maulbeerbäume selbst durch den auf die Blätter gelangten Schadstoff derart verändert worden, daß die Blätter nicht mehr für die Raupenernährung geeignet waren. Der Krankheitsausbruch wird also sowohl durch Vergiftung (ungewaschene Blätter) als auch durch Störung der Pflanzenernährung (gewaschene Blätter) ausgelöst. Den zweiten Punkt verdeutlichen auch folgende Beispiele aus den Arbeiten VAGOS:
Raupen des Schmetterlings Kleiner Fuchs (Aglais urticae) werden zu 15 bis 19 % von der Polyedervirus-Krankheit befallen, wenn sie mit Brennesseln aus tonigen Böden gefüttert werden. Bekommen sie Brennesseln, die auf lehmigen Böden gewachsen sind, beträgt der Befallsgrad nur 4 %.
Sowohl Kleiner Fuchs als auch Seidenraupen waren stark befallen, wenn ihre Nahrung aus welken, chlorophyllarmen Blättern bestand (Eiweißabbau!).
Es kann also keinen Zweifel darüber geben, daß die Anfälligkeit der Raupen von der Ernährung abhing. Dieses Prinzip kann auch auf Pflanzen ausgeweitet werden: Die pflanzliche Abwehrkraft gegenüber Krankheitserregern und tierischen Schädlingen ist in hohem Maße von der Nährstoffversorgung abhängig.

Die weiteren Versuche von VAGO zeigen sogar, daß die gängigen Theorien über die Auslösemechanismen von Virosen neu überdacht werden sollten.

Mit umständlichen Vorsichtsmaßnahmen schützte VAGO seine Versuchsraupen vor jeder Virusübertragung. Als Nahrungsquelle wählte er nicht den Maulbeerbaum (Morus alba), sondern den Osagedorn (Maclura aurantiaca). Die Folgen waren:

— eine geringere Nahrungsaufnahme;
— eine kürzere Lebenserwartung
— und vor allem der Ausbruch einer Viruskrankheit.

Die Tiere starben fast alle an der Virose, bevor sie das Nymphenstadium erreichten. Die Sterberate der normal ernährten Vergleichstiere lag bei 20 %.

Um die Schädlichkeit der oben erwähnten Fabrik-Emissionen zu belegen, tauchte VAGO Maulbeerblätter in eine 0,01 % NaF-Lösung. 85 % der damit ernährten Raupen fielen der Virose zum Opfer. Normal ernährte Vergleichsbestände hatten nur 8 % Verluste.

Seine wissenschaftlich unanfechtbaren Versuchsergebnisse führten VAGO zu folgenden Schlußfolgerungen: „Es scheint möglich zu sein, eine Virose auch dann auszulösen, wenn nachweisbar keine Ansteckung vorliegt. Dies kann über eine mangelhafte Ernährung, über eine Vergiftung mit bestimmten chemischen Stoffen und über klimatisch-physiologische Faktoren erreicht werden. Die Auslösung einer Viruskrankheit läßt sich demnach als einen Vorgang betrachten, bei dem von außen kommende Einflüsse bestimmte Veränderungen in den Zellen bewirken, die zu einer Störung des Stoffwechsels führen.“

5.6. Die Überträger von Viruskrankheiten

Noch sind aber die Möglichkeiten, die Viruskrankheiten einzuschränken, indem man die Überträger (Blattläuse, Zikaden, Nematoden) bekämpft, zu behandeln.

Mißerfolg der Blattlausbekämpfung

Sehr viele Forscher wurden durch die chemische Blattlausbekämpfung enttäuscht.

MARROU schrieb 1965: „Im allgemeinen können Virosen nicht durch Insektizidbehandlungen zur Vernichtung der Überträger bekämpft werden.“ Als Beispiel fügt er hinzu, daß die meisten Mosaikviren schon mit einem einzigen Blattlausstich übertragen werden. Auch wenn dieser Stich tödliche Folgen für die Laus hat, ist die Pflanze angesteckt worden.

Die Wirklichkeit scheint jedoch komplizierter zu sein. So wird der chemischen Bekämpfung vorgeworfen, sie würde die Insekten verscheuchen und dadurch zur Ausbreitung der Krankheit beitragen. Vielleicht haben die Mißerfolge sogar einen noch gravierenderen Grund: Bei vielen Pestiziden folgt nämlich nach einer kurzen Zeit mit der gewünschten Wirkung eine Phase, in der die Läuse gefördert werden.

MÜNSTER und MURBACH (1952) haben Versuche durchgeführt, bei denen Kartoffelbestände mit einem Phosphorsäureester behandelt wurden. Sie fanden größere Schädlingsmengen auf den behandelten Parzellen; deren Pflanzen waren keineswegs gesünder als auf den unbehandelten Schlägen. Nach Meinung der Autoren sind diese Ergebnisse unter anderem auf die größere Beweglichkeit der Läuse auf den begifteten Pflanzen zurückzuführen.

Nach BOVEY und MEIER (1962) steigt der Blattlausbefall auf Kartoffelpflanzen nach Behandlungen mit Carbaryl, DDT, Dieldrin und Arsenverbindungen. Die Autoren machen vor allem die Vernichtung der Nützlinge für dieses Ergebnis verantwortlich. Sie bemerken aber auch, daß die verschiedenen Mittel keine ausreichende Wirkung zeigen. Sie beobachteten sogar eine starke Blattlausvermehrung auf der Unterseite der Blätter (hier besteht wahrscheinlich ein indirekter Zusammenhang mit der Ernährung der Tiere). In der Folge empfehlen sie, die chemische Kartoffelkäferbekämpfung auf ein Mindestmaß zu reduzieren, um eine Ausbreitung der Virosen zu verhindern.

Die Versuche von KLOSTERMEYER (1959) belegen ebenfalls den Mißerfolg der chemischen Überträgerbekämpfung. Kartoffelpflanzen wurden mit Diazinon und Schradan zur Vernichtung der Grünen Pfirsichblattlaus (Myzus persicae, Überträger der Kartoffel-Blattrollkrankheit u. a.) behandelt. Anschließend betrugen die Läusemengen auf den begifteten Flächen das Vierfache derjenigen der Vergleichsparzellen. Die Folgen waren ein höherer Krankheitsbefall und ein geringerer Ertrag.

Nach RUSSEL (1972) ist die Resistenz der Pflanzen gegenüber Viren aus folgenden Faktoren zusammengesetzt:

— Resistenz gegenüber den Überträgern;
— Resistenz gegenüber der Infektion;
— Toleranz gegenüber den Viren.

Virosen sind demnach als ein Krankheitskomplex Pflanze-Virus-Überträger zu betrachten; daß dieses System auch durch Pestizide beeinflußt werden kann, soll das folgende Beispiel zeigen.

ROLAND (1953) zog virusfreie Kartoffelsetzlinge der Sorte Ackersegen heran und pflanzte sie zusammen mit viruskranken (Leichtes Mosaik, Blattroll- und Strichelkrankheit) Setzlingen in zwei Parzellen aus; eine Parzelle wurde zehnmal mit einer 0,01 %igen Parathionlösung gespritzt, die andere blieb unbehandelt. Im darauffolgenden Jahr setzte ROLAND die Knollen der ursprünglich virusfreien Pflanzen und untersuchte die daraus gewachsenen Stauden auf ihren Krankheitsbefall hin. Zu seinem Erstaunen stellte sich heraus, daß die Behandlung mit Parathion eine höhere Blattrollkrankheit-Befallsrate bewirkt hatte (Tab. 5).

ROLAND (1953) folgert aus seiner Untersuchung, daß das Insektizid die Schädlinge anzieht. Zu ähnlichen Ergebnissen kamen SHANKS und CHAPMAN (1965): Sie stellten fest, daß die Blattläuse zwei- bis dreimal länger auf den mit Parathion oder Dimethirimol (Phorat) behandelten Kartoffelpflanzen verweilten — eine Zeichen dafür, daß das Gift den Stoffwechsel der Pflanze zu verändern vermag. Insektizide sind daher nach Meinung von SHANKS und CHAPMAN nicht zur Bekämpfung von Virosen geeignet und können sogar zu einer Zunahme der Krankheiten führen.

Tab. 5: Virusbefall an Kartoffel nach Behandlung mit Parathion (ROLAND, 1953)

Virusart	Behandelte Parzelle		Vergleichsparzelle	
	Pflanzen	%	Pflanzen	%
Pflanzenviren	33	82	21	50
Blattrollkrankheit	31	77	17	40
Leichtes Mosaik, Strichel	3	7	5	12

Vermehrung von Blattläusen nach Pestizidbehandlung

Zahlreiche Autoren haben die Verantwortung verschiedener Pestizide für die Vermehrung der Blattläuse beschrieben. Aus Platzgründen können wir sie hier nicht alle zitieren.

Die früheste Meldung dieser Art betrifft DDT und stammt von MICHELBACHER (1946). Der Autor machte darauf aufmerksam, daß die Bekämpfung des Apfelwicklers (Carpocapsa pomonella) mit DDT eine Förderung der Kleinen Walnußlaus (Chromaphis juglandicola) mit sich brachte. DDT übt auch eine günstige Wirkung auf die Stoppelrübenblattlaus (Rhopalosiphum pseudobrassicae), auf bestimmte Schildläuse (Lecanium) und auf die Grüne Pfirsichblattlaus (Myzus persicae) aus (PIMENTEL, 1961).

Die Stoppelrübenblattlaus wird auch durch Carbaryl gefördert (GRANET und READ, 1961), Myzus persicae durch Carbaryl, Azinphosäthyl und Disulfoton (PETERSON, 1963).

Von den Insektiziden auf Phosphorsäureester-Basis sind ähnliche Eigenschaften bekannt.

Nach FENTON (1959) wird die Erbsenblattlaus (Acyrthosiphon pisum) auf Luzerne durch Parathion, Camphechlor und Demeton gefördert. REDENZ-RÜSCH (1962) meldet, daß Milben und Blattläuse in Apfelanlagen nach Behandlungen mit Parathion und Demeton verstärkt auftreten, obwohl diese Stoffe zunächst sehr wirksam sind. Nach STEINER (1962), der sehr umfangreiche Versuche durchgeführt hat, werden Blattläuse durch Malathion, Endosulfan, Parathion und DDT gefördert. Eine Zunahme von Aphididae registrierte er außerdem nach Behandlungen mit Demeton, Diazinon, Camphechlor und Arsenbleiverbindungen.

Wir haben bisher nur von Insektiziden gesprochen. Trotz aller Gegenbeweise behauptet die klassische Theorie, daß diese Effekte auf der Vernichtung der natürlichen Feinde beruhen. Doch mit diesem Argument lassen sich die Blattlausvermehrungen nach Anwendung von Pyrethroiden oder, wie wir es gleich sehen werden, von Fungiziden nicht erklären.

Nach STEINER (1962) bewirken Thiram (TMTD) und Captan eine Zunahme von Blattläusen und -flöhen. Wir selbst haben gezeigt, daß Captan auch für Milbenvermehrungen verantwortlich ist. HUKUSINA (1963) meldet, daß Milben und Blattläuse durch eine Kombination aus Captan und Arsen gefördert werden.

HUKUSINA und ANDO (1967) haben als erste einen Zusammenhang zwischen dem Nährwert von Apfelblättern und der Fruchtbarkeit der Grünen Apfelblattlaus (Aphis pomi) nachgewiesen. Sie stellten außerdem folgendes fest:

— Blattläuse ziehen im Wachstum begriffene Triebe deshalb vor, weil diese mehr Gesamtstickstoff enthalten.
— Aus dem gleichen Grund ziehen Blattläuse die Apfelsorte Delicious der Sorte Ralls Janet vor.

All diese Ergebnisse sind durch Laborversuche mit gezüchteten Läusen — also fern von natürlichen Feinden — bestätigt worden. Doch wir wollen nun nach Erklärungen suchen.

Förderung der Blattlausfruchtbarkeit infolge des geänderten Nährstoffangebotes durch Pestizide

MAXWELL und HARWOOD sind der Frage nachgegangen, warum die Behandlung von Ackerbohnen mit 2,4-D den Befall durch die Grüne Erbsenblattlaus (Acyrthosiphon pisum) und die Heuschrecke (Melanoplus bivittatus) steigert. Sie fanden heraus, daß die größten Blattlausmengen auf Blättern entstanden, die auffallend viele freie Aminosäuren enthielten. Dabei bewirkt 2,4-D eine Zunahme des Gehaltes an Alanin, Serin und Glutaminsäuren.

SMIRNOVA (1965) wies nach, daß der erhöhte Aphis fabae-Befall auf Ackerbohne nach einer DDT-Behandlung in der Zunahme des Gehaltes an freiem Stickstoff und an Disacchariden begründet liegt. Sein Fazit: „Die Blattlauspopulationen nehmen mit dem Gehalt an Nicht-Eiweiß-Stickstoff zu.“

Wie beim Apfel, so ist auch bei der Gerste die sortenabhängige Widerstandskraft gegenüber der Grünen Getreideblattlaus (Toxoptera graminum) eine Frage des Gehaltes an freien Aminosäuren und löslichen Zuckern; je mehr lösliche Verbindungen in den Geweben vorkommen, desto größer ist die Anfälligkeit der Pflanze (CHAN, 1972).

MICHEL (1964) beobachtete den Befall durch die Grüne Pfirsichblattlaus (Myzus persicae) auf Tabak nach drei Behandlungstypen, nämlich: Typ 1, Mevinphos-Spritzung mit 2 cm^3/Liter; Typ 2, desgleichen mit 1 cm^3/Liter; Typ 3, keine Spritzung. MICHEL erhielt folgende Ergebnisse:

— Der Anstieg der Fruchtbarkeit der Läuse betrug 46,30 bei Typ 1; 31,69 bei Typ 2; und 25,09 bei Typ 3.

— Die Lebensdauer der Läuse betrug 87,43 Tage bei Typ 1; 74,40 Tage bei Typ 2; und 69,60 Tage bei Typ 3.
— Bei Typ 1 und 2 verkürzte sich die Dauer des Entwicklungskreislaufes der Läuse derart, daß zwischen Juli und November eine Generation mehr als bei Typ 3 auftrat (siehe auch Abb. 5).

Interessante Ergebnisse erzielten KESSLER et al. (1959), als sie Apfelbäume mit Koffein behandelten. Koffein besitzt überhaupt keine direkte Wirkung auf Läuse, wohl aber auf Pflanzen: Es senkt den Gehalt an Gesamtstickstoff, an löslichem Stickstoff und an DNS, und es hebt den Gehalt an Eiweiß und an RNS. In der Folge registrierte KESSLER, daß die Fruchtbarkeit und die Entwicklung der Läuse durch Koffeinspritzungen eingeschränkt werden konnten.

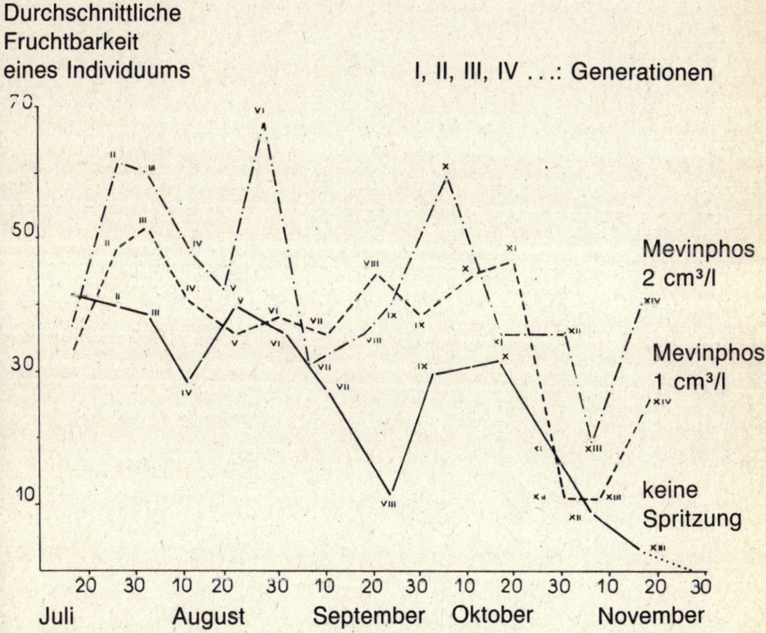

Abb. 5. Fruchtbarkeit und Zahl der Generationen der Grünen Pfirsichblattlaus (Myzus persicae) auf Tabak bei verschiedenen Behandlungstypen (MICHEL, 1964)

Die Wirkung des Koffeins ist mit der des Alters vergleichbar. Beim Heranwachsen der Pflanze vollziehen sich die gleichen Veränderungen des Stoffwechsels, so daß reife Pflanzen auch die höchste Abwehrkraft besitzen. Ist dieses Stadium überschritten, wird das Eiweiß wieder abgebaut: Beträchtliche Mengen an löslichem Stickstoff werden freigesetzt, und die Anfälligkeit der alternden Pflanze nimmt zu.

Nährstoffbedarf und Fruchtbarkeit der Läuse

Die Ansprüche der Läuse konnten mit Hilfe von künstlichen Züchtungen recht gut ermittelt werden. Unsere Angaben beziehen sich auf die Veröffentlichungen von AUCLAIR et al. (1957, 1960, 1964) sowie von ORTMANN (1965) über die Erbsenblattlaus; von MITTLER und DADD (1963 bis 1965) über die Grüne Pfirsichblattlaus; und von WEARING (1967) über die Schwarze Bohnenlaus (Aphis fabae), die Grüne Pfirsichblattlaus (Myzus persicae) und die Mehlige Kohlblattlaus (Brevicoryne brassicae).

Aus diesen Arbeiten geht hervor, daß das Optimalverhältnis von Aminosäuren zu Kohlehydraten in der Nahrung je nach Art und Alter der Läuse unterschiedlich ist. Es besteht außerdem eine positive Beziehung zwischen dem Gehalt an Aminosäuren in der Nahrung und dem Wachstum, der Entwicklungsgeschwindigkeit, der Lebensdauer und der Fruchtbarkeit der Läuse.

Die Gehalte an Aminosäuren und Amiden im natürlichen Pflanzensaft liegen im allgemeinen unterhalb der bei künstlicher Ernährung ermittelten Optimalwerte. In den vorausgegangenen Abschnitten haben wir gesehen, daß viele Pestizide eine Zunahme dieser Stoffe im Pflanzensaft herbeiführen. Dies ist die Erklärung für die so oft festgestellten Lausvermehrungen nach Anwendung von Pestiziden.

Die Kriterien, nach denen Läuse ihre Wirtspflanze auswählen

Die Ermittlung dieser Kriterien bildet nach LIPKE und FRAENKEL (1956) das Kernstück der landwirtschaftlichen Insektenkunde. Bei den Blattläusen ist das Problem besonders kompliziert, da sich ihre Auswahlkriterien je nach Jahreszeit und Entwicklungsstadium verändern.

Bei künstlicher Zucht bevorzugen junge Tiere eine sehr zuckerreiche Nahrung (35 % Zucker), die ihnen eine hohe Fruchtbarkeit beschert.

Ältere Tiere ziehen eine vergleichsweise zuckerarme Nahrung vor (20 %) — diese verleiht ihnen dann auch eine längere Lebensdauer.
KENNEDY (1965) hat nachgewiesen, daß die Zusammensetzung des natürlichen Pflanzensaftes ebenfalls eine entscheidende Rolle spielt: Im allgemeinen bevorzugen Myzus persicae und Aphis fabae junge oder alternde Blätter — Organe also, die reich an löslichen Stoffen wie Saccharose und Aminosäuren sind.
Diese Theorie stand lange Zeit im Widerspruch zur gängigen Annahme, wonach die Wahl durch andere Stoffe wie Alkaloide und ätherische Öle gesteuert wird. Wir meinen jedoch, daß es sich hier um sekundäre Stoffwechselprodukte handelt. Sie werden nur dann gebildet, wenn die Pflanze sich in einem für die Schädlinge günstigen Zustand befindet.

5.7. Über die komplexen Beziehungen zwischen Viruskrankheiten, Überträgern und Pestiziden

Einfluß der Virose auf die Anziehungskraft der Pflanze gegenüber Blattläusen

Bei seinen Untersuchungen über den Aphis fabae-Befall auf Zuckerrüben bemerkte KENNEDY, daß die Läuse bevorzugt viruskranke Pflanzen anfliegen. In der Folge beträgt ihre Vermehrungsrate das 1,5fache im Vergleich zu Läusen, die an gesunden Pflanzen saugen (Abb. 6). Diese Unterschiede waren nicht nur an den reifen, sondern auch an den jungen oder alternden Blättern zu beobachten. KENNEDY kam daher zu dem Schluß: „Die Krankheit macht die gesamte Pflanze attraktiver für den Überträger."
Dieser Effekt beruht auf biochemischen Veränderungen, die von den Viren in der Pflanze hervorgerufen werden. Dabei besitzt jede Krankheit andere Folgen. Zum Beispiel bewirken Mosaikviren eine Senkung des C/N-Verhältnisses bei Zuckerrüben. Tabakpflanzen, die von dem Kartoffel-X-Virus befallen sind, enthalten überdurchschnittlich viel an verschiedenen Aminosäuren. Die Viren der Blattroll- und Vergilbungskrankheiten haben keinen Einfluß auf die Blattlausfruchtbarkeit.
Die verschiedenen Lausarten haben auch unterschiedliche Präferenzen: im unbeflügelten Zustand zieht die Pfirsichblattlaus (Myzus persicae) vergilbungskranke Pflanzen anstelle von Mosaikkranken vor (MINK, 1969).

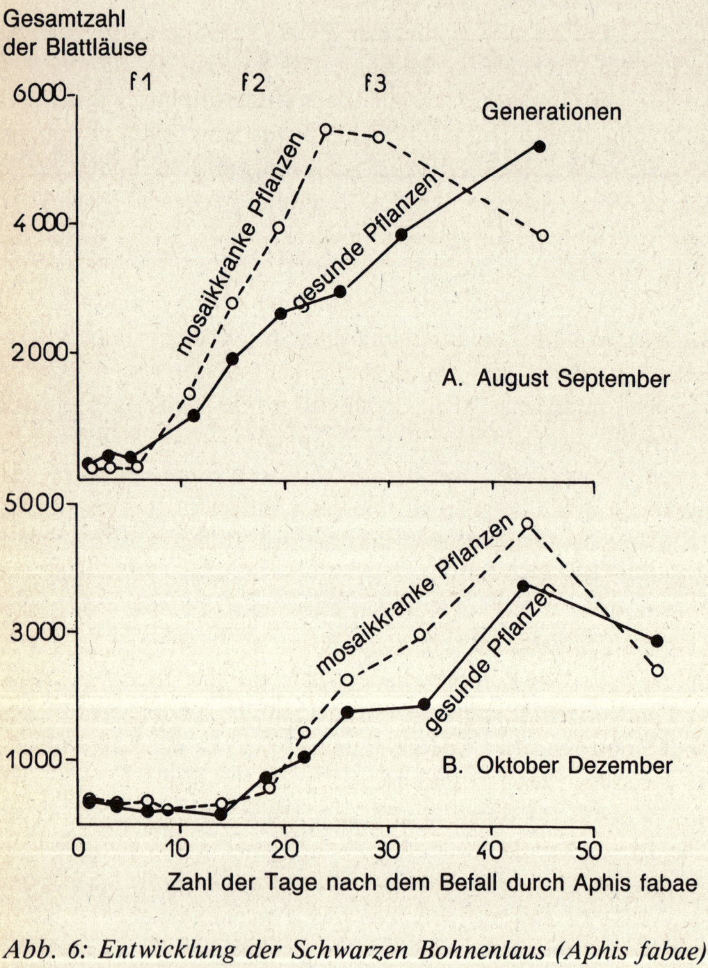

Abb. 6: Entwicklung der Schwarzen Bohnenlaus (Aphis fabae) auf gesunden und Mosaikvirus-kranken Zuckerrüben (nach KENNEDY, 1951)

Die Fruchtbarkeit der Haferlaus (Rhopalosiphum padi) nimmt mit dem Befallsgrad durch die Gelbverzwergung (Barley yellow dwarf-virus) zu, während die Fruchtbarkeit der Graslaus (Macrosiphum avenae) unverändert bleibt. Hier spielen Unterschiede zwischen den Ansprüchen der Lausarten offenbar eine wichtige Rolle. Im Falle der Haferlaus wird besonders deutlich, wie sehr die Lebenskraft des Schädlings von dem pflanzlichen Stoffwechsel abhängig ist.

MILLER und COON (1964) sind der Frage nachgegangen, welchen direkten Einfluß Viren auf Schädlinge haben können. Sie führten ihre Versuche mit der Großen Getreideblattlaus (Macrosiphum granarium) durch; die Wirtspflanze war Gerste, der Virus war Gelbverzwergung (Yellow dwarf). Es stellte sich heraus, daß virustragende Blattläuse im Vergleich zu virusfreien in folgenden Punkten überlegen waren:

— Ihr Entwicklungszyklus verlief schneller.
— Ihre Lebensdauer war höher.
— Die Zeitspanne ihrer Vermehrungsfähigkeit war größer.
— Infolgedessen hatten sie insgesamt mehr Nachkommenschaft.

Abschließend möchten wir auf die Ähnlichkeit mit den unerwünschten Auswirkungen zahlreicher Pestizide hinweisen. Sie beruht darauf, daß sowohl Virosen als auch chemische Behandlungen zu Stoffwechselstörungen (Hemmung des Eiweißaufbaus) in der Pflanze führen.

Doch nun stellt sich die Frage, wie die vermeintlichen Überträger denn zur Verbreitung der Krankheit beitragen können, wenn sie vorzugsweise viruskranke Pflanzen anfliegen.

Steuerung des pflanzlichen Stoffwechsels

Es ist bekannt, daß die Verbreitung der Viruskrankheiten mit der Intensität der Landwirtschaft verbunden ist, also mit dem Einsatz von Pestiziden und Kunstdüngern. Jede Düngung beeinflußt die Nährstoffversorgung und damit den Stoffwechsel der Pflanzen. Welche Folgen hat sie dann für den Befall durch Blattläuse und Viren? Dies wollen wir an zwei Beispielen erläutern.

Beispiel eins: Anbauverfahren und Blattlausbefall: KOWALSKI und VISSER (1983) haben konventionelle und alternative Anbauverfahren im Hinblick auf den Befall von Winterweizen durch die Bleiche Getreidelaus (Metopolophium dirhodum) verglichen. Sie untersuchten dabei auch den Aminosäuregehalt in den Blättern.

Ihre Messungen zeigten, daß die Blätter des konventionell angebauten Weizens mehr freie Aminosäure enthielten. Dadurch konnten sich die Schädlinge besser entfalten. In der Folge war der konventionell angebaute Weizen stärker befallen als bei dem alternativen Verfahren.

Beispiel zwei: Düngemittel, Blattlausbefall und Virosenausbruch: VOLK (1954) hat Kartoffelparzellen mit verschiedenen Mitteln gedüngt: Kaliumchlorid (KCl), Natriumchlorid (NaCl) und Kalziumsulfat ($CaSO_4$).

VOLK stellte fest, daß die Pflanzen auf der $CaSO_4$-Parzelle die meisten Blattläuse trugen — aber am geringsten viruskrank waren. Dies bedeutet, daß die Blattläuse nicht für die Krankheit verantwortlich waren, und daß Viruskrankheiten keineswegs an Überträger gebunden sein müssen.

Vielmehr muß in unserem Beispiel die Art des Düngemittels durch dessen Steuerung des pflanzlichen Stoffwechsels eine entscheidende Rolle gespielt haben. Chlor ist denn auch dafür bekannt, daß es den Eiweißabbau in der Pflanze fördert. Es könnte also für die Empfindlichkeit der Pflanzen gegenüber Viren auf den zwei chlorierten Schlägen verantwortlich sein.

5.8. Schlußfolgerungen

1. *Virosen gehorchen den gleichen Gesetzen wie alle andere Krankheiten auch: Ihre Entstehung und Verbreitung hängen von dem Lebenszustand der Pflanze ab, welcher wiederum eine Folge der ökologischen Bedingungen ist.*
2. *In Übereinstimmung mit unserer Trophobiose-Theorie ist dabei das Verhältnis Eiweißaufbau/Eiweißabbau von entscheidender Bedeutung.*
3. *Mangelhafte Nährstoffversorgung und Vergiftung (durch Pestizide oder Kunstdünger) können wie bei den Insekten zu Stoffwechselstörungen führen, so daß „schlafende" Viren „geweckt" oder sogar gebildet werden.*
4. *Der konventionelle Pflanzenschutz, der auf die Vernichtung der Überträger ausgerichtet ist, hat bisher nur zu Mißerfolgen geführt. Hierfür gibt es mindestens zwei Gründe:*

— Es wurde keineswegs immer nachgewiesen, daß diese oder jene Blattlaus für die Übertragung des Virus verantwortlich ist. Die Virose kann auch eine Folge des Lebenszustandes der Pflanze sein.
— Nach einer kurzen und vergänglichen Dezimierung der Blattläuse können Pestizide die Pflanze in einen Zustand der Anfälligkeit gegenüber Viren und Schädlingen versetzen.

Für eine erfolgreiche Virosenbekämpfung muß also eine maximale Eiweißaufbaurate angestrebt werden. Dies ist über ein ausgeglichenes Nährstoffangebot unter Vermeidung jeder Vergiftung zu erreichen.

Kapitel 6
Veredelung und Widerstandskraft

6.1. Gründe und Folgen der Veredelung

Die Gründe zur Verbreitung der Veredelung sind kurz folgende:
- Die schnelle und umfangreiche Vermehrung einer Sorte durch Pfropfen. Die unveränderte Weitergabe von Erbanlagen.
- Standortangepaßte Unterlagen erlauben es, neue Anbaugebiete für bestimmte Sorten zu erschließen.
- In manchen Fällen ist Veredelung die einzige Möglichkeit, einen Bestand vor der Ausrottung durch Schädlinge zu retten. Ein berühmtes Beispiel hierfür ist der Wiederaufbau der europäischen Rebenbestände nach der Ausbreitung der Reblaus (Viteus vitifolii).

Durch das Pfropfen entsteht ein neuer Organismus, der in seinen Eigenschaften weder dem Edelreis noch der Unterlage gleich ist. Die Krankheitsanfälligkeit beider ist verschieden, die negative Beeinflussung des Edelreises möglich.

Krankheitsanfälligkeit bei Pfropfreben als Beispiel

Grauschimmel (Botrytis cinerea) ist eine der ersten Krankheiten, die mit der Pfropfung in Zusammenhang gebracht wurde. So schrieb PERRIER DE LA BATHIE (1904): „Grauschimmel hat es in den französischen Weingärten schon immer gegeben. Doch erst seit ca. zwanzig Jahren, also seit dem Wiederaufbau der Reblandschaft mit Pfropfreben, führt Grauschimmel zu regelmäßigen und empfindlichen Verlusten. Früher hielten sich die Schäden in Grenzen, und niemand dachte daran, die Krankheit zu bekämpfen."

So ist die Rebsorte „Folle blanche" mehr oder weniger aufgegeben worden, weil sie im gepfropften Zustand eine sehr hohe Empfindlichkeit gegenüber Botrytis aufweist.

Die Wurzelschimmelkrankheit (verursacht durch den Pilz Stereum hirsutum) hat aufgrund der Veredelung zugenommen. Früher hielt man sie für eine Krankheit überalterter Weingärten; heute greift sie auch junge Rebstöcke an.

Auch die Ausbreitung der Viruskrankheiten hängt direkt mit der durch die Reblaus erzwungene Pfropfung auf amerikanische Unterlage (Ripa-

ria, Rupestris) zusammen. Auf der dritten Internationalen Konferenz über Reben und Wein sagte uns Prof. BRANAS, daß die Ausbreitung der Reblaus und die der Rebenvirosen positiv korreliert seien. Die Reblaus sei aber kein Virusüberträger.
Prof. CIFERRI lieferte anschließend die Erklärung für diesen Zusammenhang. Europäerreben (Vitis vinifera) sind gegenüber der Reisigkrankheit weitgehend tolerant; bleiben sie ungepfropft, so werden sie von der Virose kaum geschädigt. Amerikanerreben sind dagegen hochanfällig und sie übertragen den Edelreisen ihre Anfälligkeit. Deswegen hat sich die Krankheit in den letzten Jahrzehnten so ausbreiten können. Die Europäerrebe war aber auch gegenüber der Chlorose, d. h. gegen Eisenmangel „resistent". Bei Pfropfreben dagegen besteht ein Mißverhältnis zwischen dem Eisenbedarf der oberirdischen Pflanzenteile und dem Eisenlieferungsvermögen der Wurzeln. Der daraus folgende Mangel könnte genügen, um die Widerstandskraft der Rebe zu schwächen.
Es wäre auch möglich, daß auf der gleichen Weise ein Mangel an anderen Spurenelementen wie Bor und Zink entsteht. Nach DUFRENOY (1934) kann die Reisigkrankheit nämlich mit Zinksulfatbehandlungen erfolgreich bekämpft werden.
Schon 1873 warnte MAXIME CORNU vor den Gefahren, die mit der Einführung amerikanischer Rebunterlagen verbunden sind. Er wies darauf hin, daß diese Reben in ihrem Herkunftsland eine hohe Empfindlichkeit gegenüber Peronospora (Falscher Mehltau, Peronopora viticola) besitzen. Vielleicht ist dies die Ursache für die außergewöhnlichen Verluste in der Weingegend Roussillon nach den Umstellungsjahren. Damals ging über die Hälfte der Weinernte wegen Peronospora verloren.

6.2. Die Ernährungsleistung der Unterlage und ihre Folgen für die Gesundheit der Pfropfgehölze

Reben

In den Anfangszeiten der Veredelungspraxis war die Amerikanerrebe Vitis Riparia mit großer Begeisterung aufgenommen. In Südfrankreich haben heute noch Millionen von Rebstöcken eine Riparia-Unterlage.

Riparia hat die Eigenschaft, den Stöcken eine buschähnliche Wuchsform zu verleihen. Eine ähnliche Mißbildung finden wir oft auch bei anderen Gehölzen, insbesondere bei den Apfelbäumen: Den Besenwuchs. Es handelt sich dabei nicht um eine echte Krankheit, sondern um die Folgen des Kalkmangels, welcher vielleicht selbst durch Bormangel hervorgerufen wird. Dieser Zusammenhang wird durch die Untersuchungen von DUVAL-RAFFIN (1971) bestätigt, wonach Riparia allgemein arm an Calzium ist. Auf kalkarmen Böden ist ein Mangel also sozusagen vorprogrammiert.
Nach DUVAL-RAFFIN können Amerikaner-Unterlagen auch zu anderen Problemen bei der Nährstoffversorgung führen, etwa zu Manganmangel bei der Rebsorte Merlot (Tab. 6).

Tab. 6: K/Mg-Verhältnis bei der Rebsorte Merlot in Abhängigkeit vom Wurzelsystem

Wurzelsystem	Magnesium in Mg/KgTS	Verhältnis K/Mg
Ungepfropft	2 110	5,39
Riparia x Berlandieri SO_4	765	14,27
Riparia x Rupestris 3309	1 009	11,28
Vitis riparia	912	17,09

CARLES et al. (1966) berichten von ähnlichen Untersuchungen: Bei den Unterlagen Seyve-Villard 12 375 und 18 815 entstanden Probleme mit der Kupferversorgung. Bei Riparia x Rupestris 3309 war dagegen ein hoher Gehalt an Mangan festzustellen.
Der eindeutigste Fall einer Mangelerscheinung als Folge der Veredelung liefert die Vergilbung (Chlorose, Krankheitsbild eines starken Eisenmangels). Sie entsteht dann, wenn der Eisenbedarf der oberirdischen Pflanzenteile nicht durch die Wurzeln gedeckt wird. Früher, bei ungepfropften Reben, verursachte sie keine nennenswerte Verluste — heute kann sie in gefährdeten Lagen wie in der Gegend von Cognac die Wirtschaftlichkeit des Weinbaus einschränken.
Nach unserer Trophobiose Theorie könnte Eisenmangel auch andere Folgen haben und insbesondere die Krankheitsanfälligkeit der Reben erhöhen. So ließe sich erklären, wie Riparia ihre eigene Peronospora-

Anfälligkeit dem Edelreis weitergibt. Von MILLARDET (1881) wissen wir, daß Peronospora mit einer Mischung aus Eisensulfat und Gips erfolgreich bekämpft werden kann.

Aus Versuchen von CARLES et al. (1972) geht hervor, daß der Einfluß der Unterlage weit mehr als nur die Versorgung mit Spurenelementen betrifft. So ist der Gehalt an Amin- und Amid-N in den Blättern höher bei Riparia- als bei anderen Unterlagen. Wie die Abbildung 7 zeigt, hat dies einen höheren Befall durch die Rote Spinne (Metatetranychus ulmi) zur Folge.

HALMI und BOVAY (1972) haben den Einfluß der weit verbreiteten Unterlage Riparia x Rupestris 3309 auf die Nährstoffversorgung im Vergleich zu ungepfropften Europäerreben untersucht. Bei der Rebsorte Gutedel zum Beispiel brachte 3309 eine höhere N- und K- sowie eine niedrigere P- und Ca-Versorgung.

MIKELADZE (1965) hat folgende Stoffwechselveränderungen durch 3309 festgestellt:

— Die Aufbauvorgänge in den Wurzeln nehmen ab. Dort sinkt der Gehalt an Aminosäuren in gleichem Maß wie der Zuckergehalt steigt.
— Aminosäuren reichern sich in den Blättern an, weil ihr Einbau in Eiweißverbindungen nur langsam vor sich geht.

Wir haben es in diesem Fall also mit einer mehr oder weniger starken Hemmung des Eiweißaufbaus zu tun — ein Zustand, der nach unserer Trophobiose-Theorie mit einer erhöhten Krankheitsanfälligkeit verbunden ist.

Als positives Beispiel sei die Kreuzung Berlandieri x Colombard Nr. 1 x 333 EM genannt. Sie trägt den Namen Fercal und wurde von der INRA in Bordeaux entwickelt. Ihre hohe Resistenz gegenüber der Chlorose beruht vielleicht darauf, daß ihr Stammbaum weder Riparia noch Rupestris enthält. Es ist anzunehmen, daß die Verbesserung der Eisenversorgung auch die Widerstandskraft der Pfropfrebe stärkt.

Zusammenfassend kann man also folgendes sagen: Die Veredelungstechnik hat zwar die Fortführung des Weinbaus nach der Reblauskatastrophe ermöglicht, aber zum Preis einer im allgemeinen höheren Krankheits- und Schädlingsanfälligkeit. Erst in neuerer Zeit scheint es möglich zu sein, dank Veredelung auch eine bessere Resistenz zu erreichen.

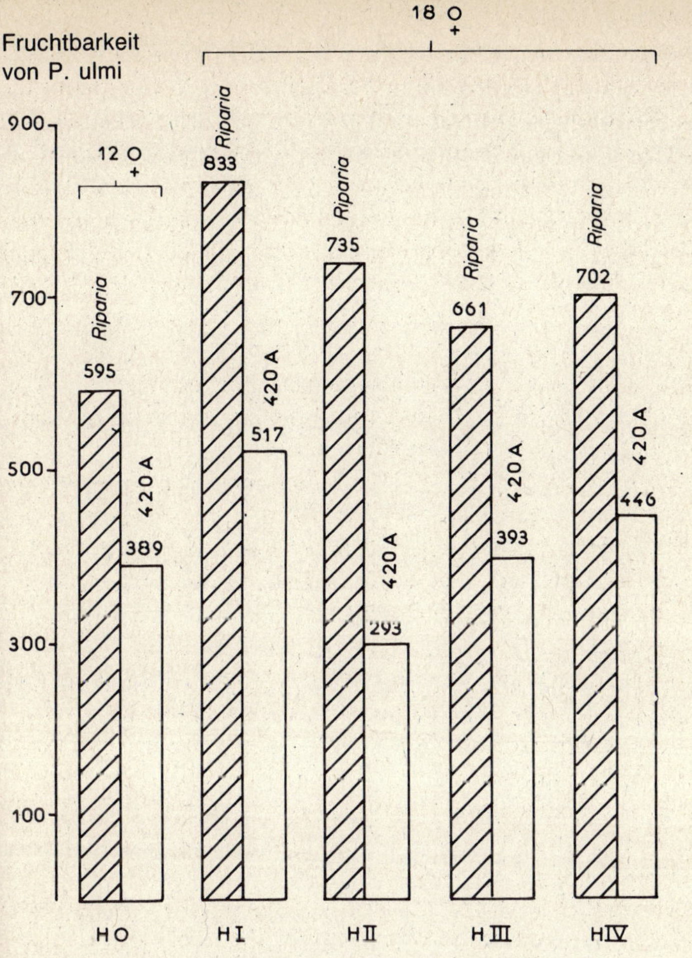

HO, HI, HII, HIII, HIV: Zeitspannen der Beobachtungen.
Sie reichen von Mitte Mai bis Mitte Juli.
Anmerkung: In dieser Abbildung wurden die Zeitspannen HV und HVI (Mitte Juli bis Mitte Oktober) nicht dargestellt.
Aufgrund der Abbauvorgänge in den Rebstöcken kehren sich die Ergebnisse in diesen Zeitspannen um.

Abb. 7. Fruchtbarkeit des Schädlings Metatetranychus ulmi auf Merlot bei zwei verschiedenen Unterlagen: Vitis riparia und Berlandieri x Riparia 420 A (CARLES et al., 1972)

Obstbäume

Die Veredelung bewirkt auch bei Obstbäumen physiologische Veränderungen. Nach BLANC-AICARD und BROSSIER (1962) bestimmt die Unterlage den Kationenhaushalt und insbesondere das Verhältnis von zweiwertigen zu einwertigen Ionen. Dies hat, wie weiter oben schon beschrieben wurde, weitreichende Folgen für die Pflanzengesundheit.

Weiterhin ist bekannt, daß Magnesium- und Kalziummangel bei zahlreichen Obstsorten hervorgerufen werden können: Bei Nußbäumen (GAGNAIRE und VALLIER, 1968), bei Citrusbäumen (WALLACE et al., 1953), bei Pfirsichbäumen (GROSCLAUDE und HUGUET, 1981) usw.

Beim Apfel ist die Neigung zum Kalziummangel bei der Unterlage EM XI höher als bei EM XII. Dementsprechend kann die Besenwuchskrankheit häufiger bei EM XI beobachtet werden.

Andererseits berichtet SUTIC (1975) von verschiedenen Krankheiten, die man heute dank Veredelung abwehren kann: Die Kragenfäule des Apfels (Phytophtora cactorum), die Wurzelfäule der Citrusfrüchte (Phytophtora citrophtora), die Wurzelfäule der Pfirsichbäume (Phytophtora cinamoxi), die Tristeza-Krankheit des Apfels (Virus), um nur einige zu nennen.

Es spielt dabei keine Rolle, wenn die Schaderreger trotz Resistenz auf oder in ihrem Wirt leben. Viel wichtiger ist die Reaktion dieses Wirtes auf den parasitischen Angriff: Sogenannte tolerante Pflanzen können den Befall schadlos überstehen.

So verleihen bestimmte Citrus-Unterlagen dem Edelreis eine Toleranz gegenüber dem Tristeza-Virus; desgleichen beim Apfel gegenüber der Blutlaus (Eriosoma lanigerum).

Folgender Versuch von SUTIC (1975) zeigt, wie stark der Einfluß der Unterlage sein kann: SUTIC verpflanzte Knospen von sharka-kranken Pozegaca-Pflaumenbäumen auf die hochresistente Malesevka-Pflaumensorte. Die Krankheitssymptome verschwanden endgültig nach zwei bis drei Jahren.

6.3. Veredelung und Produktqualität

Da die Veredelung den Stoffwechsel der Pflanze beeinflußt, muß logischerweise auch die Qualität des Ernteproduktes betroffen sein. Zahlreiche Weinbau-Experten haben sich mit dieser Frage beschäftigt.

Die Qualität des Weines steht im Verhältnis zum Zuckergehalt in den Beeren zu bestimmten Zeiten des Vegetationszyklus der Rebe. Zuckergehalt und Zuckerstoffwechsel stehen unter dem Einfluß der Unterlage, da diese den Wachstumsrhythmus bestimmt. Je früher die Wachstumsphase beendet ist, desto besser wird der Wein. Eine kurze Wachstumsphase setzt allerdings eine schwache Unterlage voraus. Eine solche Unterlage ist zum Beispiel Vitis riparia, deren Nachteile wir weiter oben beschrieben haben.
Es entsteht also das Problem, daß die Veredelung zwei entgegengesetzte Ziele verfolgen muß: Die Produktqualität und die Gesundheit der Pfropfreben. Der Gesundheitsvorsorge durch eine ausgewogene Nährstoffversorgung kommt daher besondere Bedeutung zu.

DRITTER TEIL:

LANDWIRTSCHAFTLICHE ANBAUVERFAHREN UND PFLANZENGESUNDHEIT

Zum Thema der Getreidekrankheiten: „Warum verursachen nur all diese an sich schon katastrophalen Krankheiten diese riesige und dauernde Belastung der Getreidekulturen? Was für ein Fluch lastet auf den Feldern? Gibt es keinen Ausweg aus dieser Teufelspirale?“

Werbeschrift der Firma PROCIDA, 1980

Kapitel 7
Gesundheitszustand als Folge der Kulturverfahren

7.1. Intensiver Getreidebau und Ausbruch der sogenannten „Fortschrittskrankheiten“

Auf die *Ausbreitung der Parasiten* wegen und nicht trotz des Pestizideinsatzes ist schon mehrfach hingewiesen worden. Wegen der Wichtigkeit dieser Folgeerscheinung sollen am Beispiel des Getreides und Reises auch die Folgen von Anbaumethoden gezeigt werden.

Der Getreidebau ist von den genannten Problemen besonders stark betroffen — so stark, daß nicht nur Landwirte, sondern auch Pflanzenschutzmittelfirmen ihre Not eingestehen müssen.

Der explosionsartige Krankheitsausbruch hat vor 15 bis 20 Jahren angefangen. Von den heute weit verbreiteten Krankheiten waren damals viele unbekannt oder von vernachlässigbarer Bedeutung: Wurzelfäule (Fusarium roseum) und Blattdürre (Septoria tritici) zum Beispiel. Die Halmbruch-Krankheit (Pseudocercosporella herpotrichoides), die Schwarzbeinigkeit (Ophiobolus graminis), die Wurzeltöterkrankheit (Rhizoctonia spacesiae), die Streifenkrankheit der Gerste (Helminthosporium gramineum) und Viruskrankheiten wie die Gelbverzwergung der Gerste haben ebenfalls stark zugenommen. Oft treten mehrere Krankheiten zusammen auf: „Gerste wird meist von einem Krankheitskomplex (Blattfleckenkrankheit, Echter Mehltau, Halmbruch) befallen, bei dem die Rolle eines einzelnen Erregers nicht isoliert betrachtet werden kann“ (HARRANGER, 1984).

Der Grund für diese Entwicklung wurde in einer Resistenz der Erreger gegenüber den Pestiziden vermutet. So sprach man von Halmbruch-Stämmen, die gegenüber Benomyl, Thiophanat-methyl und Carbendazim „resistent“ sein sollen.

Doch diese Erklärung kann nicht mehr genügen: „Wenn bestimmte Krankheiten so schnell ein solches Ausmaß angenommen haben, dann kann die Ursache nicht nur in den natürlichen und klimatischen Bedingungen liegen“ (Werbeschrift der Pflanzenschutzmittelfirma PROCIDA, 1980).

Inzwischen wurde nachgewiesen, daß folgende Faktoren für die Ausbreitung der Streifenkrankheit verantwortlich sind:

— frühe und dichte Saat;
— hohe N-Düngergaben und
— die Anwendung von Fungiziden in der Vegetationszeit.

Verallgemeinernd kann man sagen, daß die Ursachen für die Verschärfung des Krankheitsproblemes in der Intensivierung der Landwirtschaft zu suchen sind. Hierbei spielen zwei Intensitätsfaktoren die Hauptrolle:

— der massive Einsatz von Kunstdünger, insbesondere N-Dünger, und
— der ebenso undifferenzierte Einsatz von synthetischen Pestiziden. An erster Stelle sind hier die Herbizide — die einen riesigen „Boom" erleben — und die Fungizide zu nennen. Für letztere soll der Markt „hochdynamisch" sein (wenn es so weitergeht, wird die Dynamik ja noch zunehmen ...).

Es kann nicht länger behauptet werden, der chemische Pflanzenschutz stehe vor vereinzelten Resistenzproblemen. Wie wir in den vorausgegangenen Kapiteln gezeigt haben, trägt er mehr zur Verschärfung als zur Minderung des Parasitenbefalls bei. Die heutigen Probleme des Pflanzenschutzes sind wegen, und nicht trotz der Pestizide entstanden.

Herbizide und Begleitflora

Die chemische Bekämpfung der Begleitflora hat das bestehende Problem genausowenig gelöst wie die der Schaderreger. Auch hier wird Resistenz als Ursache ins Feld geführt.

Die Wirkung der Herbizide begrenzt sich nicht auf die behandelten Pflanzen. Sie erstreckt sich auf das Bodenleben, wodurch Vorgänge wie die Stickstoffbindung und die Wirksamkeit von Enzymen wie der Phosphatase oder der Dehydrogenase berührt werden. Die Folge ist eine Störung des Nährstoffangebots für die Kulturpflanze — und die Senkung ihrer Abwehrkraft.

Diese Zusammenhänge sind von verschiedenen Autoren nachgewiesen worden. Nach McCLURG und BERGMAN (1972) bewirken bestimmte Herbizide eine Abnahme des Gehaltes an Calzium in den Pflanzen und dadurch eine Verschlechterung des Gesundheitszustandes und des Ertrages. VICARIO (1972) hat gezeigt, daß MCPA-Salz und Malathion zu einer Abnahme des verfügbaren Phosphorgehaltes im Boden führen.

Die Veränderungen in der Bodenchemie könnten das Scheitern der Herbizide erklären. Es ist ja bekannt, daß niedrige Gehalte an P, Ca und

Mg im Boden das Aufkommen von zweikeimblättrigen Pflanzen (wie Geruchlose Kamille, Knöterich, Ehrenpreis) begünstigen. Die Störung des Kationenverhältnisses könnte auf die gleiche Weise der Ausbreitung der Gräser (Fuchsschwanz und Flughafer zum Beispiel) Vorschub leisten (BARRALIS, 1978).

Diese Zusammenhänge seien an einem Beispiel aufgezeigt: Atrazin ist ein häufig gebrauchtes Herbizid für den Maisanbau.

Nach MORIN (1981) „bringt die wiederholte Anwendung von Atrazin neue Probleme mit sich. Es wird immer schwieriger, die Sommergräser zu bekämpfen. Es handelt sich dabei nicht um eine echte Resistenz".

DARMENCY, COMPOINT und GASQUEZ (1981) haben im Département Yonne eine besonders ausgeprägte „Resistenz" einer Knöterich-Art gegenüber Atrazin untersucht. Die Fruchtfolge bestand aus einer Abfolge von Mais und Weizen. Die ungehemmte Ausbreitung des Knöterichs trat nach fünf bis sechs Atrazin-Behandlungen ein. Nach Meinung der Autoren „wurden zahlreiche resistente Individuen bei den ersten Behandlungen herausselektiert. Dank des Selektionsvorteils konnten sie sich dann massenhaft vermehren".

Bei genauer Betrachtung muß allerdings angezweifelt werden, daß der Selektionsvorgang so schnell zur Wirkung kommt. Normalerweise treten solche Effekte nur langfristig auf. Uns erscheint eine andere Erklärung viel wahrscheinlicher: Der Boden ist nach fünf bis sechs Jahren der Begiftung so verändert worden, daß er dem Knöterich optimale Wachstums- und Vermehrungsbedingungen bietet. Diese Annahme wird durch die Beobachtung von MORIN (1981) gestützt, wonach „im allgemeinen von einer Atrazinresistenz die Rede ist, wenn eine massive Verunkrautung nach dem Herbizideinsatz eintritt".

Wir hätten es demnach nicht mit einer Resistenz zu tun. Die Ausbreitung der Begleitflora muß vielmehr auf die Veränderung des Nährstoffangebotes im Boden zurückgeführt werden.

Nicht nur Herbizide bewirken solche Veränderungen. Dazu sind selbstverständlich auch Schädlingsbekämpfungs- und Düngemittel in der Lage. Nach GOJKO und PIVAR (1967) hat eine Diazinon-Behandlung von Mais zur Bekämpfung des Zünslers (Ostrinia lubilalis) eine stärkere „Verunkrautung" zur Folge.

Nach den Worten der Autoren zeigen ihre Ergebnisse „die Notwendigkeit, Verunkrautungserscheinungen als Folge von Pestizidbehandlungen dauerhaft und systematisch zu untersuchen".

In Zukunft muß also streng zwischen der Förderung der Begleitflora und den — viel selteneren — Resistenzerscheinungen unterschieden werden. Die heute übliche Anwendung immer höherer Herbiziddosierungen kann nur zu einer Verschärfung des Problems führen. *Nach den Worten von BOUCHE und FAYOLLES (1981) ist es denn auch „völlig unverantwortlich, komplexe Moleküle in eine vielschichtige Umwelt zu entlassen, ohne auch nur ansatzweise über Kontrollmethoden nachgedacht zu haben".*
Um so wichtiger erscheint es, pestizidfreie Anbaumethoden ohne Voreingenommenheit zu studieren.

7.2. Gesundheitszustand von Getreide bei auf traditionellen Verfahren beruhender „biologischer Anbauweise"

Eine Veröffentlichung des Instituts für Forschung und Anwendung in der Biologischen Landwirtschaft (IRAAB) stellt die Ergebnisse von neun Betrieben mit biologischer Anbauweise dar.
Vier dieser Betriebe hatten früher, bei „konventioneller Anbauweise", große Probleme mit der Verunkrautung gehabt. Nach der Umstellung gingen Quecke, Distel, Flughafer, Fuchsschwanz und Sauerampfer, um nur die wichtigsten zu nennen, ohne Bekämpfung zurück.
Ein solcher Erfolg ist nicht nur auf die Unterlassung jeglicher chemischen Behandlung zurückzuführen, sondern auch auf mechanische Bekämpfung. Auch der verstärkte Leguminosenanbau kommt zum Tragen. Leguminosen — im Gemenge oder als Reinanbau — reichern den Boden mit organischem Stickstoff und Kalzium an. Sie besitzen also eine völlig andere, zum Teil gegensätzliche Wirkung als Kunstdünger und Pestizide.
Weitere Vorzüge der biologischen Anbaumethoden waren unter anderem:
— Abnahme des Blattlausbefalls;
— Abnahme der Viehkrankheiten (insbesondere Kälberlähme, Euterentzündung und Zecken);
— Abnahme des Energieverbrauchs (zwei- bis dreimal weniger bei Mais, Weizen, Gerste).

Ein Ertrag von 100 dt/ha: vernünftiges Ziel oder gefährlicher Mythos?

In fruchtbaren Gebieten lassen sich Kornerträge von 100 dt/ha erreichen. Hierfür ist ein hoher Aufwand an Kunstdünger, vor allem N-Dünger notwendig; außerdem müssen mehrere Herbizidspritzungen durchgeführt werden. Hochempfindliche Getreidebestände sind die Folge, was sich in der schon erwähnten Ausbreitung von Krankheiten und dem damit verbundenen chemischen Bekämpfungsaufwand niederschlägt.

Es darf also angezweifelt werden, ob 100 dt/ha ein erstrebenswertes Ziel darstellt. Wer die berufsständische Presse aufmerksam liest, kann feststellen, daß diese Erkenntnis schon Fuß gefaßt hat, wie die folgenden Artikelauszüge aus „Agri-sept" (2. 5. 1981) zeigen: „Das Loiret ist ein heterogenes Département, in dem die fruchtbare Beauce-Gegend mit weniger begünstigten Gebieten benachbart ist. Zu viele Betriebe im Loiret haben sich durch die 80 dt/ha der Beauce blenden lassen. Die Jahre 1970 bis 1974 brachten hohe Erträge bei guten Preisen und verleiteten viele Landwirte dazu, ihr Grünland umzubrechen, ihr Vieh zu verkaufen und PS-starke Schlepper zu erwerben.

Auf die guten Jahre folgten schlechte Jahre; die Erträge sanken von 40 bis 45 (1972 bis 1973) auf 33 bis 35 dt/ha, womit die Festkosten kaum noch zu decken waren."

In den Leserbriefen kann auch oft gelesen werden, daß Landwirte anfangen mehr, Wert auf Gewinn- als auf Ertragsmaximierung zu legen — und das, obwohl sie über den Zusammenhang zwischen Intensivierung, zunehmenden „Fortschrittskrankheiten" und dem Bekämpfungs-Teufelkreis nicht informiert werden.

7.3. Der Reisanbau: Gesundheitsprobleme und Bedeutung einer ausgewogenen Nährstoffversorgung

Einige Beispiele aus dem Reisanbau sollen kurz ihren allgemeinen Bedeutung wegen hier noch angeführt werden.

ISHII und HIRANO haben schon 1963 darauf hingewiesen, daß das synthetische Hormon 2,4 D den Gehalt an löslichem Stickstoff in der Reispflanze um 25 % ansteigen läßt. Die Folge ist ein höherer Befall durch den Reisstengelbohrer (Chilo suppressalis).

Auf die gleiche Ursache führt BOWLING (1963) die zahlenmäßige Zunahme der Larven des amerikanischen Reisrüsselkäfers (Lissorhoptrus oryzophilus) nach einer Saatgutbehandlung mit Aldrin zurück.
Reis hat wie auch andere amphibische Pflanzen die Eigenschaft, chlorierte Stoffe aus dem Wasser aufzunehmen und zu speichern. In der Camargue wurde gezeigt, daß der Gehalt an Hexachlorcyclohexan, PCB (Polychlorierte Biphenyle) und DDT in den Reispflanzen das 16- bis 20 000fache der Konzentration im Wasser betragen kann (VAQUER, 1973). Es ist also nicht weiter erstaunlich, wenn die im Reisanbau weit verbreiteten chlorierten Herbizide Fenoprop (2,4,5-TP) und Propanil zu erheblichen Stoffwechselstörungen führen.
Nach SRIDHAR (1975) enthalten mit Ammoniumsulfat gedüngte Pflanzen überdurchschnittlich viel Glutamin- und Asparaginsäure. Die Pilze der Brusone-Krankheit oder Reisbräune (Piricularia oryzae) ernähren sich von diesen Aminosäuren. Deshalb begünstigt eine Düngung mit Ammoniumsulfat den Befall durch Piricularia oryzae.
Nach EDEN (1953) sind die Schäden durch die Blattrandkäfer-Art Echinocnemus squameus direkt mit dem N-Anteil in der Düngung verbunden.
Es sei darauf hingewiesen, daß der Gehalt an löslichen N-Verbindungen im Pflanzensaft nicht nur von der absoluten N-Düngungsmenge abhängt, sondern auch von dem Verhältnis zu den anderen Nährstoffen. Ein ungünstiges Verhältnis kann dazu führen, daß die Aminosäuren nicht mehr zu Eiweißen zusammengeschweißt werden und somit den Parasiten zur Verfügung stehen.
Nach VAITHILINGAM (1982) kann Kalium die Abwehrkraft von Reis gegenüber einer Reihe von Schädlingen steigern. Nach einer Gabe von 150 kg/acre K_2 (1 acre = ca. 0,4 ha) konnte bei seinen Versuchen auf die chemische Bekämpfung folgender Insekten verzichtet werden:
— Braunrückige Reiszikade (Nilaparvata lugens)
— Zwergzikade (Nephotettix impicticeps)
— Zünsler (Cnaphalocrocis medinalis)
— Weißer Reisstengelbohrer (Tryporyza innotata)
— Minierfliege (Hydrellia sesakii)
Nach Meinung des Autors ist dieser Erfolg auf die durch Kalium bedingte Zunahme des Eiweißaufbaus zurückzuführen.

Auch Spurenelemente sind für die Ernährung der Reispflanze unentbehrlich, aber sie müssen der Pflanzen in einem ausgeglichenem Verhältnis angeboten werden. Auf die ausführlichen Arbeiten von PRIMAVESI et al. (1972) ist bereits hingewiesen worden. Hier nur noch eine Tabelle über die Blattgehalte an Nährstoffen in Beziehung zur Pflanzengesundheit.

In Tabelle 7 fällt auf, daß kranke Reispflanzen einen Mangel an Mg, K, Mn und Cu aufweisen. Nach Meinung der Autoren „hat die Verseuchung des Bodens, des Saatguts oder des Wassers mit Piricularia-Sporen überhaupt keinen Einfluß auf die Pflanzengesundheit, wenn die Nährstoffversorgung ausgeglichen ist. Auch bei empfindlichen Sorten wird die Krankheit nicht ausgelöst. In den untersuchten Böden genügen Gehalte von 18 ppm Mn und 2 ppm Cu, um die Gesundheit der Pflanzen zu gewährleisten".

Aufgrund unseres immer noch lückenhaften Kenntnisstandes ist die Zusammenstellung der optimalen Düngergaben eine heikle Aufgabe. Sie muß bei dem Ausgleich bestehender Nährstoffmängel ansetzen, dem sollten jedoch Pflanzen- und Bodenanalysen vorausgegangen sein. Alle vorausgegangenen Kapitel haben gezeigt, wie wichtig der Eiweißaufbau für die Pflanzengesundheit ist und von welchen Faktoren er abhängt. Zwei von diesen Faktoren pflegt der Landwirt mit seiner Bewirtschaftung: die Nährstoffversorgung und die Behandlung mit Pflanzenschutzmitteln.

Tab. 7: Verhältnis zwischen verschiedenen Nährstoffen in gesunden und Piricularia-kranken Reispflanzen

Nährstoffe	Gesunde Reispflanzen	Kranke Reispflanzen
K/Ca	7,6	2,0
Ca/Mg	1,5	4,0
Ca/Na	2,1	2,2
K/Na	19,1	6,4
P/S	6,4	2,2
N/Cu	35,0	54,7
P/Mn	35,6	118,4
Basen/Säuren	3,6	2,3
Makronährstoffe/Mn	231	656

Kapitel 8
Ausgleich von Nährstoffmangel und Förderung des Eiweißaufbaus als Gesundheitsvorsorge

Zum Thema der Erstellung der Bordelaiser-Brühe durch MILLARDET (1886): „Seit 1880 wurden Fortschritte bezüglich des Anwendungszeitpunktes und des Anwendungsverfahrens erzielt, aber nicht über die anscheinend spezifische Rolle des Kupfers. Gerade hier muß die Ursache des festgestellten Stillstandes gesucht werden. Wenn die Forschungen die Wirkungsweise des Kupfers geklärt haben werden, wird man neue Wege gehen und die Situation verbessern können. Sie ist zwar befriedigend, aber sie belastet den Weinbau mit hohen Kosten."

Albert Demolon
(Wissenschaftliche Entwicklung und französische Landwirtschaft, 1946)

„Die Herstellung resistenter Pflanzen war bisher der Genetik vorbehalten. Das ist ein mühsamer Weg, der bekanntlich oft zu einem nur vorübergehenden Erfolg führt. Vielleicht wird es in Zukunft einfacher und wirksamer sein, die Resistenz mit chemischen Produkten auf die Pflanzen zu übertragen."

F. Grossmann
(„Confered resistance in the host",
World Review of Pest Control, 1968)

8.1. Pflanzenernährung und Nährstoffgleichgewicht

Bei den Pflanzennährstoffen unterscheidet man zwei Klassen:
- Hauptnährstoffe; zu ihnen zählen N, P und K; manche Autoren rechnen auch Ca und Mg dazu.
- Als Spurenelemente werden häufig Kupfer (Cu), Eisen (Fe), Molybdän (Mo), Mangan (Mn), Lithium (Li), Bor (B), Cobalt (Co), Nickel (Ni) und Jod (J) genannt. Ständig wird die Liste verlängert: Chrom (Cr), Fluor (F), Selen (Se), Strontium (Sr) und Vanadium (Va).

Die lange Liste und die geringe Kenntnis zeigt, welche Schwierigkeiten die Pflanzenernährung auf der Basis der Mineralstofftheorie noch hat.

Es liegt ein langer Weg vor uns; jedenfalls muß alles geschehen, damit die Gesundheit von Menschen und Tieren durch gesunde Pflanzen gesichert werden kann.

K, Ca und Mg

Die gesundheitsfördernde Wirkung von Kalium hängt wahrscheinlich mit seiner enzymaktivierenden Rolle zusammen. Nicht weniger als 40 Enzyme sollen zu K in Beziehung stehen. Für den Eiweißstoffwechsel sind vor allem die Verhältnisse K/Ca und K/Mg entscheidend.

Das Gleichgewicht K/Ca: SHEAR (1975) hat über dreißig Krankheiten registriert, die durch Calziummangel hervorgerufen werden. Ca hat zahlreiche Funktionen nicht nur im Boden, sondern auch in der Pflanze: Bei der Enzymaktivierung, beim Zuckertransport, beim Eiweißstoffwechsel und beim Stärkeaufbau zum Beispiel. Eine übertriebene Ca-Meliorationsdüngung kann die Verfügbarkeit von Mn beim Getreide, von Zn beim Mais und von B bei der Rübe einschränken.

CRANE und STEWART (1962) haben den Zusammenhang zwischen Tageslänge, K/Ca-Verhältnis und Aminosäuregehalt untersucht. An langen Tagen konnten sie einen hohen K/Ca-Wert und einen hohen Gehalt an Glutaminsäure messen. An kurzen Tagen sank das Verhältnis K/Ca, und es bildete sich mehr Asparaginsäure, die Aminosäure, die Schadpilze für ihr Wachstum brauchen.

Das K/Ca-Gleichgewicht kann als grobes Maß für den Stoffwechsel (insbesondere den Eiweißstoffwechsel) der Pflanze herangezogen werden.

Das Gleichgewicht K/Mg: Als Bestandteil der Chlorophyllmoleküle besitzt Magnesium eine zentrale Rolle im pflanzlichen Energiehaushalt. Wie an den folgenden Beispielen gezeigt werden soll, scheint für manche Kulturpflanzen das Verhältnis K/Mg eine zuverlässigere Aussage über den Stoffwechsel zu erlauben als K/Ca.

Nach DELMAS (1970) tritt Mg-Mangel an Weinreben auf, wenn

— der Mg-Anteil am Trockengewicht der Blätter 0,20 % oder weniger beträgt und
— der K-Anteil über 1,5 % liegt.

Mit anderen Worten: die Pflanze leidet an Magnesiummangel, wenn das Verhältnis K/Mg den Wert 7 übersteigt. Dieser Wert ist jedoch je nach Rebunterlage verschieden (Tab. 8).

Tab. 8: Mg-Gehalt und K/Mg-Verhältnis in Blättern der Rebsorte Merlot in Abhängigkeit von der Rebunterlage (DUVAL-RAFFIN)

Unterlage	Mg in mg/kg TS	K/Mg-Verhältnis
Unveredelt	2 110	5,39
SO4	765	14,27
3309	1 009	11,28
Riparia	912	17,09

RYSER (1982) kommt aufgrund seiner Untersuchungen auf Optimalwerte für K/Mg von 2 bis 10 bei Reben. Bei Obstbäumen entsteht ein latenter Mg-Mangel ab 10 bis 12, oberhalb von 12 treten sichtbare Mangelerscheinungen auf.
Solche Zahlen können eine Grundlage für die Milderung von Nährstoffmangel sein, wenn die Pflanze gezielte Nährstoffgaben einzubauen vermag um dadurch eine hohe Abwehrkraft zu erreichen.

Spurenelemente
Spurenelemente spielen vor allem im Enzymhaushalt eine zentrale Rolle. Zum Beispiel besitzen Mn, Cl und B eine enzymaktivierende Wirkung, während Cu, Fe, Zn und Mo Enzymbestandteile sind.
Weil sein Mangel schwerwiegende Folgen hat, liegen über Mangan schon brauchbare Erkenntnisse vor.
Nach DELMAS (1970) beträgt der Optimalwert des Fe/Mn-Verhältnisses zur Zeit der beginnenden Weinbeerenreife 0,6. Oberhalb von 5 liegt ein Mn-Mangel vor.
PRIMAVESI et al. (1972) haben festgestellt, daß bestimmte Reissorten schadlos bis zu 8 000 ppm Mn enthalten können, wenn der Fe-Gehalt entsprechend hoch ist.
Zink ist Bestandteil mehrerer Enzyme des Dehydrogenase-Typs. Zinkmangel bei Tomaten hat hohe Aminosäuregehalte (insbesondere Asparaginsäure) zur Folge, denen Wachstumsstörungen und Krankheitsanfälligkeit folgen (KRISNA, 1963).
Nach LUBET et al. (1983) erlaubt das Fe/Zn-Verhältnis eine genauere Aussage über Zn-Mangel beim Mais als der reine Zn-Gehalt.

Bei der Rebe bewirken Zn-Gaben eine Zunahme des Gehaltes an P in den Blättern (in Form von anorganischen Phosphaten, Zellkerneiweißen und anderen Verbindungen) (DOBROLYUBSKII und FEDORENKO, 1969). Dies könnte eine Erklärung dafür sein, daß DUFRENOY (1934) gute Erfolge bei der Bekämpfung der Reisigkrankheit der Rebe (verursacht durch vier verschiedene Viren) mit Zinksulfat erzielte.

Die Wirkungsweise des Kupfers als Schadpilzbekämpfungsmittel war lange Zeit ein Rätsel. Inzwischen wurde nachgewiesen, daß Cu-Mangel für die Anreicherung von löslichen Verbindungen, insbesondere von Glutaminsäure bei der Echten Pfefferminze (Mentha piperita) verantwortlich ist. Außerdem ist bekannt, daß Kupferbehandlungen eine Zunahme des Gehalts an Cu in den Geweben bewirken. Der Schluß liegt also nahe, daß die „fungiziden" Eigenschaften des Kupfers in Wahrheit in einer Förderung der Eiweißbildung bestehen.

Nach PRIMAVESI et al. (1972) gibt es zwischen Kupfer und Stickstoff ein empfindliches Gleichgewicht: Gesunde Reispflanzen weisen einen N/Cu-Wert von 35,0 auf, bei kranken Pflanzen beträgt dieser Wert 54,7.

Auch Molybdän spielt eine wichtige Rolle im Nährstoffhaushalt. Nach DELMAS (1970) löst Mo-Mangel eine Abnahme des K- und eine Zunahme des Ca-Gehaltes in Rebenblättern aus. Das K/Ca-Verhältnis in der Trockensubstanz sinkt dadurch von 0,22 auf 0,12 zur Zeit der beginnenden Beerenreife bzw. von 0,36 auf 0,07 nach der Weinlese. Eine weitere Folge des Mo-Mangels ist nach DELMAS die Anreicherung von Mn in den Blättern.

Physiologische Rolle des Bors

Die Funktionen des Bors im pflanzlichen Stoffwechsel sind weitgehend unerforscht. Während die anderen Spurenelemente eine wichtige Rolle im Enzymhaushalt spielen, hat man bisher keine Bor-Enzyme entdecken können.

Bormangel wird jedoch für viele biotische Krankheiten verantwortlich gemacht. Bormangel soll die Widerstandsfähigkeit der Pflanze gegenüber ihren tierischen Schädlingen einschränken. Wahrscheinlich stehen diese Eigenschaften mit der Rolle des Bors im Zuckertransport in Verbindung, von dem auch der Eiweißaufbau abhängt. Bormangel kann zu

Kalziummangel führen: Die Folge ist eine Verkürzung der Internodien, wodurch die sogenannten „Hexenbesen“ entstehen (bei der Strandkiefer Pinus maritima z. B.).
Das Eindringen von Kalzium in die Zellen ist außerdem von der Anwesenheit anderer Spurenelemente wie Kupfer oder Bor abhängig.
Doch auch Bor braucht andere Nährstoffe, um aktiv zu werden. Nach BERTRAND (1979) kann es seine Eigenschaften nur bei Anwesenheit der „3 M“ (Mg, Mo, Mn) entfalten.
Bor ist bei neutraler oder basischer Reaktion des Bodens nur schlecht verfügbar.
COPPENET (1970) berichtet von häufig auftretendem Bormangel bei Blumenkohl, Luzerne, Futterrübe, Apfel und Weinreben in bestimmten Gegenden Frankreichs. Folglich ist es vielleicht kein Zufall, wenn die Rotfärbung der Blätter, eine Mycoplasmakrankheit der Rebe, in der Gegend von Armagnac besonders verbreitet ist — in den Weinbergen dieser Gegend herrscht Bormangel.
Nach HUGUET (1979) schwankt der normale Borgehalt in Apfelblättern zwischen 25 und 50 ppm. Bei der Sorte Golden Delicious ist die Streuung noch größer: 17 bis 70 ppm wurden an gesunden Bäumen gemessen. Mangelerscheinungen traten zwischen 20 und 9 ppm Bor auf. Diese Zahlen stimmen mit der allgemeinen Annahme überein, wonach 15 ppm die Schwelle darstellt, die zur Vermeidung schwerer Mangelerscheinungen nicht unterschritten werden darf.
Dabei sollte man nicht vergessen, daß die „3 M“ (Mn, Mg, Mo) ebenfalls in genügenden Mengen vorhanden sein müssen.
Bormangel kann durch Blattspritzung bekämpft werden. Die Zeit, in der Bor am meisten gebraucht wird, ist die beginnende Blütezeit. Wegen der großen Mobilität des Bors besitzen Blattspritzungen eine hohe, rasch eintretende Wirkung.
HUGUET (1982) zeigte die Auswirkungen von Bor-Gaben (in Form von Blattspritzungen) auf den Stoffwechsel von Kirschbäumen, die an Bormangel litten. Tabelle 9 zeigt die positive Wirkung dieser Gaben auf den N-Haushalt; der erhöhte N-Gehalt ist auf die vermehrte Bildung N-haltiger Eiweiße zurückzuführen.
Man sieht am Beispiel des Bor, wie wichtig ein Spurenelement sein kann — aber auch, wie wenig wir von allen diesen Wirkungen wissen. In der Wissenschaft kann man aber echte Fortschritte nur dann erreichen, wenn man sich der Grenzen des eigenen Wissens bewußt ist.

Tab. 9: Auswirkungen von Blattspritzungen mit Bor auf die chemische Zusammensetzung der Blätter

Behandlungsart	Borgehalt in ppm TS	N-Gehalt in %
Vergleich (kein Bor)	19	2,38
Behandlung (mit Bor)	59	2,56

Düngemittel und Spurenelemente

„Eine hohe NPK-Düngung", so BUSSLER (1982), „kann zwar zu hohen Erträgen führen, aber sie steigert auch die Entnahme von Nährstoffen, die unersetzt bleiben. Zahlreiche Berichte bestätigen diesen Vorgang, wobei vor allem Ca-, Mg- und sogar S-Mangel entstehen kann."

Im Getreidebau tritt Mangel an Spurenelementen (insbesondere Cu) immer öfter auf. Warum gerade im Getreidebau? Vielleicht weil diese Kultur von der zunehmenden Chemisierung der Landwirtschaft besonders betroffen ist. Es stellt sich die Frage, ob die Festlegung von Nährstoffen im intensiven Landbau überhaupt noch mit zusätzlichen Gaben ausgeglichen werden kann.

Im Gegensatz hierzu trägt eine organische Düngung zur Verbesserung des Angebotes an Spurenelementen bei. So kann zum Beispiel die Bakterienfauna des Bodens, die durch Wirtschaftsdünger und Kompost bereichert und belebt wird, die Verfügbarkeit des Kupfers wesentlich verbessern (COIC und TENDILLE, 1971).

Biozide sind bekanntlich nicht nur für die Zielorganismen (Parasiten, Unkraut) giftig, sondern auch für die Bodenlebewesen; der Schluß liegt also nahe, daß sie indirekt die Verfügbarkeit der Spurenelemente erheblich einschränken können.

Nährstoffmangel und Viruskrankheiten bei der Tomate

Die Tabellen 10 und 11 zeigen die Analysewerte von gesunden und viruskranken Tomatenpflanzen. Die Unterschiede weisen auf Nährstoffmängel hin, von denen einige zweifellos zur Schwächung der Pflanze und schließlich zum Befall geführt haben. In diesem fortgeschrittenen Krankheitsstadium ist nicht mehr zu erkennen, welchen Anteil der Mangel an Nährstoffen bzw. die Viren an den Stoffwechselstörungen haben.

Tab. 10: Blattanalysen von Tomatenpflanzen — Wasserlösliche Stoffe in mg/kg (Sp = Spuren)

Pflanzen	NH_4	PO_4	K	Ca	Mg	Fe	Cu
gesund	1 000	3 125	4 850	3 375	1 475	115	62,5
viruskrank	1 250	3 125	4 900	1 925	1 400	107	15,5
Pflanzen	Mn	Zn	B	Co	Cd	Ni	Mo
gesund	40	137	160	7,5	5	92,5	12,5
viruskrank	11,5	115	110	Sp	Sp	137	32

Tab. 11: Wert verschiedener Nährstoffverhältnisse bei gesunden und kranken Tomatenpflanzen

Pflanzen	K/Ca	Ca/Mg	P/Ca	K/Mg	Fe/Mn	P/Mn	N/Cu	N/P
gesund	1,4	2,28	0,92	3,28	2,87	78,1	16	0,32
viruskrank	2,4	1,39	1,62	3,50	9,24	271,7	80,64	0,40

Die in der „intensiven" Landwirtschaft benutzten Kunstdünger enthalten im Gegensatz zu organischen Düngerformen nur unbedeutende Mengen an Spurenelementen. Sie erhöhen aber die Produktion an organischer Masse, wodurch die wenigen vorhandenen Mikronährstoffe zusätzlich verdünnt werden. Es sei nebenbei gesagt, daß sie meistens auch zu einer pH-Absenkung führen und so die Verfügbarkeit verschiedener Stoffe wie Mn, Fe und Zn einschränken.

Vor allem die synthetischen Stickstoffdünger, die in hohen Mengen ausgebracht werden, können zur Festlegung bestimmter Spurenelemente führen. Tabelle 12 zeigt den Rückgang des Gehaltes an Bor in den Blättern von Kirschbäumen bei zunehmender N-Düngung. Nach HUGUET (1982) ging der Borspiegel bei diesem mehrjährigen Versuch stetig zurück, bis ein latenter Bormangel erreicht wurde. Ähnliche Ergebnisse liegen u. a. auch über die Verdrängung von Kupfer vor.

Wir wollen dieses Kapitel mit den Worten von POLJAKOV (1971) abschließen: „Die Behandlung von Pflanzen mit Spurenelementen intensiviert die Stoffwechselvorgänge. Daraus folgt wie bei der erblichen Abwehrkraft der Pflanzen die Hemmung oder die Zerstörung des Schaderregers."

Tab. 12: Rückgang des Borgehaltes in Kirschblättern als Folge der N-Düngung

N-Dünger-Gabe	Borgehalt im elfjährigen Durchschnitt	Borgehalt 1980
0 kg/ha	47 ppm	44 ppm
100 kg/ha	40 ppm	40 ppm
200 kg/ha	37 ppm	32 ppm

8.2. Wirkungsweise einiger Pilzbekämpfungsmittel

Unsere Kenntnisse über die Wirkungsweise der meisten Pilzbekämpfungsmittel sind sehr gering. Wir würden mit Sicherheit schneller vorankommen, wenn wir uns nicht immer nur mit der Feststellung begnügten, daß diese oder jene chemische Verbindung Wirkung zeigt — sondern wenn wir den Grund dieser Wirkung erforschten. Einige Beispiele wie anders die Wirkungen erreicht werden, wenn man die Vorgänge bis zu den wirklichen Ursachen verfolgt, sollen folgen.

Kupferhaltige Mittel

Die berühmte Bordeaux-Brühe (Kupfersulfat) ist ganz zufällig entdeckt worden. Ursprünglich spritzte man die Rebstöcke an den Zeilenenden mit Kupfersulfat, um sie vor Felddieben zu schützen. Dabei stellte man fest, daß diese Reben von Peronospora verschont blieben. Erst später traten MILLARDET und GAYON als „Entdecker der Bordeaux-Brühe" auf, weil sie den Vorgang zu erklären versuchten.

Es wird allgemein angenommen, daß Kupfer seine fungizide Wirkung auf der Blattoberfläche entfaltet, ohne in die Pflanze einzudringen — aber stimmt das?

Mit den Spritzgeräten von früher war nur eine Benetzung der Blattoberseiten möglich. Wie konnte dann die bekanntlich von der Blattunterseite eindringende Peronospora getroffen werden?

MILLARDET und GAYON stellten schon 1887 fest, daß Kupfer „von dem Blatt aufgenommen wird und dort verbleibt. Cu wird nicht nur von der Cuticula gebunden, wobei es sie unanfällig gegenüber dem Parasiten macht; es dringt auch tief in die Gewebe ein und bildet einen bemerkenswerten Schutz auf der Blattunterseite". Diese Beschreibung war damals nur eine Annahme. Sie wurde 1965 durch STRAUSS bestätigt.

SEMICHON (1916) unterscheidet zwischen dem „Oberflächen- und dem aufgenommenen Kupfer“. Er stellt fest, daß die Wirkung des Oberflächenkupfers nur von kurzer Dauer sein kann, da es unter dem Einfluß der Witterung binnen kurzem unlösliche Verbindungen bildet.

Es steht also fest, daß Kupfer kein Oberflächengift ist. Doch wie wirkt es dann?

Trotz Kupfersulfaten ließen sich manche Mißernten nicht vermeiden. Nach starken Verlusten durch Peronospora im Jahr 1932 hieß es, der Pilz gewöhne sich an Kupfer — damals sprach man noch nicht von Resistenz. Doch bestimmte Autoren wie VILLEDIEU (1932) vermuteten einen Zusammenhang mit den steigenden N- und P-Gaben, deren abträglicher Einfluß auf die Abwehrkraft der Reben schon damals nachgewiesen war (SCHAFFNIT).

Heute weiß man, daß Cu die Oxydasen steuert, welche wiederum den N-Stoffwechsel der Pflanze mitbestimmen (MALSTRÖM, 1965). Aus diesem Grund enthalten Kupfersulfat-behandelte Rebenblätter weniger löslichen Stickstoff als solche, die mit anderen synthetischen Pestiziden behandelt wurden (PINON, 1977).

AGRAWAL und PANDEY (1972) haben gezeigt, daß Kupfer-Gaben auf Weizen eine bessere Verwertung der Kohlenhydrate und eine Steigerung der Produktion an Eiweiß-N bewirken können.

Umgekehrt hat Kupfermangel einen Eiweißabbau und eine Erhöhung des Gehaltes an Glutaminsäure zur Folge (CRANE und STEWART, 1962).

Die genannten Zusammenhänge zeichnen ein neues Bild der „fungiziden“ Eigenschaften des Mittels: *Die Wirkung des Kupfers besteht in der Förderung des Eiweißaufbaus und damit in der Wiederherstellung der pflanzeneigenen Abwehrkraft.*

Schwefel

Schwefel wird seit über 2000 Jahren als Pflanzenschutzmittel benutzt, insbesondere im Weinbau gegen den Echten Mehltau (Uncinula necator).

Dabei kann er an sich keine fungiziden Eigenschaften besitzen, da die Schwefelteilchen gar nicht in die Zellen der Schadpilze eindringen können. Seine Wirkung wurde deshalb zunächst den Oxydations- oder

Reduktionsprodukten (SO_2, SO_3, H_2S) zugeschrieben. Bei dem Versuch, sie wissenschaftlich zu rechtfertigen, mußte diese Annahme aufgegeben werden.
Dabei hatte MARTRES schon 1862 folgendes beobachtet: „Reben reagieren besonders gut auf eine Behandlung mit Schwefel, wenn sie krank sind, und dies vor allem bei feuchtem Wetter. Die blassen und schrumpeligen Blätter werden wieder glänzend-grün und geschmeidig, die Jungtriebe wachsen in die Länge. Wenn die Krankheit nicht zu weit fortgeschritten ist, sieht man den weißen Reif wieder verschwinden, der sich auf den Beeren auszubreiten begann. So verschwinden auch die durch Elend hervorgerufenen Parasiten an Tieren, die reichlich und gesund ernährt werden."
Worin besteht also die Wirkung des Schwefels? Zur Beantwortung kann man die Auswirkungen von Schwefelmangel heranziehen.
So kann bei Mentha piperita nach CRANE und STEWARD (1962) „eine umfangreiche Umstellung des N-Haushaltes zugunsten der löslichen Anteile, insbesondere Glutamin- und Argininsäure" festgestellt werden.
Nach NIGHTINGALE (1932) und EATON (1941) enthalten N-reiche und S-arme Pflanzen hohe Mengen an freien Aminosäuren, Nitraten und Kohlenhydraten, was zum einen auf eine herabgesetzte Nitratreduktion und zum anderen auf einen geringeren Eiweißaufbau, dagegen auf einen höheren Eiweißabbau zurückzuführen ist.
TURREL und WEBER (1955) haben den Weg des Schwefels in der Pflanze verfolgt: dieser Weg führt von der Blattoberfläche bis in die Eiweißverbindungen. Es liegt also auf der Hand, daß Schwefel eng mit dem Eiweißaufbau verbunden ist, und dadurch mit der Gesundheit und der Abwehrkraft der Pflanze.
So lassen sich auch die Ergebnisse von DUFRENOY (1936) erklären, bei denen die Düngung mit 200 bis 1 200 kg Schwefel/ha genügte, um die Bakterienringfäule (Corynebacterium sepedonicum) an Kartoffel erfolgreich zu bekämpfen.

Maneb
VIEL und CHANCOGNE (1966) haben die pilzvertreibende Wirkung des Manebs untersucht.

Bei der Vermischung mit Wasser zerfällt Maneb in verschiedene Bestandteile, wobei Mangan in löslicher Form freigesetzt wird. Nach den Worten der Autoren besitzen die Zerfallsprodukte „interessante fungizide Eigenschaften und übertreffen in dieser Beziehung den Ausgangsstoff. Das Aktivste unter ihnen kommt jedoch nur in geringen Mengen vor; sein Vorhandensein genügt nicht, um die Wirkung des Manebs zu erklären. Wahrscheinlich gibt es noch ein flüchtiges Zwischenprodukt, das wir nicht nachweisen konnten".

Doch wie kann ein kurzlebiger, instabiler Stoff überhaupt wirksam sein? Eine solche Schlußfolgerung setzt wohl einen unerschütterlichen Glauben an die fungiziden Eigenschaften von Maneb voraus.

Es ist auch eine andere Erklärung denkbar: daß wir es mit einem indirekten Vorgang zu tun haben, bei dem die Pflanze auf das freigesetzte Mangan reagiert.

Captan

SOMERS und RICHMOND (1962) analysierten die Blätter von Bohnenpflanzen, die mit einer Captanlösung begossen worden waren. Die von ihnen vorgefundenen Wirkstoffmengen waren für eine systemische, fungizide Wirkung zu gering.

Die Autoren kamen deshalb zu dem Schluß, daß die Wirksamkeit von Captan auf einer Beeinflußung des pflanzlichen Stoffwechsels beruhen muß. Diese Erklärung erscheint uns um so wahrscheinlicher, als Captan den wichtigen Nährstoff Schwefel enthält.

Aluminiumfosetyl

Mit diesem neuen Fungizid wird nach BOMPEIX (1981) „ein neuer Weg in der Bekämpfung der Pflanzenkrankheit eröffnet. Der Wirkstoff zeichnet sich durch eine geringe direkte Pilzgiftigkeit aus, die die sehr guten Ergebnisse in der Praxis nicht erklären kann". Aluminiumfosetyl bewirkt eine Zunahme von phenolischen Verbindungen, denen man fungizide Eigenschaften zuschreibt. Doch wie wir an anderer Stelle schon beschrieben haben, kann eine Phenol-Anreicherung mit einer Abnahme von Stoffen verbunden sein, die der Schadpilz als Nahrung braucht.

„All dies führt zur Annahme, daß die Wirkung von Aluminiumfosetyl an der Schnittstelle Wirtspflanze-Parasit einsetzt, und nicht bei den

Parasiten selbst" (BOMPEIX, 1981). Die Forschungen gehen hier weiter und wir werden bald erfahren, ob es sich um einen toxischen Vorgang handelt oder ob der Bekämpfungserfolg möglicherweise eine ganz andere Ursache hat.

Die Wirksamkeit der Pestizide ist in der Reaktion der Pflanze begründet. Die Hemmung des Pilzwachstums könnte auch als die Folge eines mangelnden Nahrungsangebotes an den Pilz betrachtet werden.

Zusammenfassende Folgerungen

Es ist eine unumstrittene Tatsache, daß der Gesundheitszustand unserer Kulturen sich zur Zeit verschlechtert. Eine solche Verbreitung der Parasiten entmutigt nicht nur die Landwirte, sie verunsichert sogar die Techniker einiger Pestizid-Hersteller (Erscheinung der rätselhaften „Fortschritts-Krankheiten“) und versetzt schließlich die Forscher höchstpersönlich in vollkommene Ratlosigkeit. Es geht soweit, daß ein neues Übel sich unter den Letztgenannten breitmacht: Der „Feuerwehrmann-Komplex“ (PONCHET, 1979).

Mit diesem Ausdruck ist gemeint, daß die verstörten Forscher von einer Krankheit zur anderen getrieben, machtlos trotz der vermeintlichen „Feuerlöscher“, dieser ach so wirksamen Pestizide, verstummen, um nicht ihr Unvermögen zu bekunden. Denn die Ursache liegt gerade in diesen Pestiziden. Die Kritik hat erreicht, daß man ihnen „Nebenwirkungen“ zutraut. Mit anderen Worten: man gibt heute zu, daß ihre Anwendung neue Probleme in Form von Massenvermehrungen tierischer Schädlinge oder von Ausbreitung von Pilz-, Bakterien- oder Viruskrankheiten erzeugt.

In der Human- oder Tiermedizin werden solche Erscheinungen „iatrogene Krankheiten“ (durch Behandlung hervorgerufene) genannt. Im Pflanzenschutz bezeichnet man das, was man wohl oder übel als Fehlschlag hinnehmen muß, unterschiedlich, je nachdem, ob es sich um den übermäßigen Befall durch Insekten bzw. Milben handelt, oder um die Ausbreitung eines Schadorganismus aus dem Pflanzenreich. Wenn nach einer Behandlung mit diesem oder jenem Pestizid Spinnmilben, Blattläuse oder -flöhe überhand nehmen, spricht man von Übervermehrung. Wenn dagegen Pilzkrankheiten wie Apfelschorf oder Botrytis und Echter Mehltau an der Rebe stark zunehmen, erklärt man dies mit einer „Resistenz“ der Krankheitserreger gegenüber dem Fungizid.

Diese unterschiedliche Bezeichnung entspricht im Grunde einer unterschiedlichen Auslegung der Tatsachen. Nach dem konventionellen Verständnis liegt nämlich der Grund für das massenhafte Auftreten von Milben und Blattläusen nach einer Parathion oder Captanbehandlung in der Vernichtung der natürlichen Schädlingsfeinde durch diese Stoffe, was übrigens nie bewiesen wurde. Es würde sich demnach um den Ver-

lust des Gleichgewichtes zwischen Beute und Räuber handeln. Viele Erscheinungen können aber nicht „Gleichgewichtsstörungen" sein, als Beispiel sei ein vermehrter Befall nach einer Bodenbehandlung genannt. Um so weniger kann sie für die Ausbreitung von Pilz-, Bakterien- oder Viruskrankheiten gelten. Deshalb wird ja auch konventionell hierfür die „Resistenz" des Schadpilzes gegenüber dem Fungizid als Erklärung angegeben.
Diese Erklärung mißachtet eine Reihe von Versuchsergebnissen, die sowohl im Labor als auch im Freien erzielt wurden. So haben wir persönlich nachgewiesen, daß die Lebenskraft von Milben erhöht wird, wenn sie mit einem bestimmten Mittel behandeltes Laub als Nahrung bekommen (Erhöhung der Nachkommenschaft/Tag, längere Lebensdauer, höherer Weibchen-Anteil, Verkürzung des Entwicklungskreislaufes). Dieser Vorgang wurde auch bei den Blattläusen festgestellt. Die darauffolgende Massenvermehrung hängt also mit der Ernährung zusammen. Das gilt nicht nur für tierische Schädlinge, sondern auch für Pilze: Dithiocarbamate, die im Weinbau gegen Rebenperonospora eingesetzt werden, können die Ausbreitung von Echtem Mehltau und Botrytis auslösen (CHABOUSSOU, 1968; VANEV und CELEBIEV, 1974). Es handelt sich also um ein und dieselbe Ursache, welche im übrigen relativ leicht nachzuweisen ist, wenn man nur von den Versuchen Kenntnis nehmen will.
Aus Gründen, die unserer Meinung nach nicht frei von wirtschaftlichen Abwägungen sind, werden solche Ergebnisse und unsere Schlußfolgerungen zur Zeit zurückgewiesen oder totgeschwiegen. Wir haben jedoch eine grundlegende Tatsache aufgedeckt. Die Beziehungen zwischen Pflanze und Parasit sind vor allem ernährungsphysiologischer Art. Diese Theorie, der wir den Namen *Trophobiose* gegeben haben, erklärt die enge Beziehung zwischen der Ernährung der Lebewesen, ihrem Lebensablauf und ihrem Zusammenleben.
Der Vorgang sei noch einmal dargestellt: Milben, Blattläuse, Bakterien, pflanzenschädigende Pilze und Viren beziehen die Steigerung ihrer Lebenskraft, die sich auf die Befallzunahme im Feldbestand auswirkt, aus löslichen Stoffen wie Aminosäuren und Einfachzuckern. Diese löslichen Stoffe befinden sich im Zellinneren und in den Gefäßen; sie bilden den noch nicht verarbeiteten Rohstoff oder den Abbaustoff der Eiweiße und stehen mit diesen im Gleichgewicht.

Letzten Endes hängt also die Widerstandskraft der Pflanze von dem Gleichgewicht Eiweißaufbau/Eiweißabbau ab.
Daraus folgt, daß ein stärkerer Eiweißabbau die Empfindlichkeit der Pflanze erhöht. Dies geschieht bei der Anwendung von „Giften", wie es die Pestizide für Pflanzen sind, und zwar um so ausgeprägter, je öfter behandelt wird.
Umgekehrt bedeutet ein stärkerer Eiweißaufbau eine Erhöhung der Widerstandskraft der Pflanze. Dies ist neben einer natürlichen Ernährung bei bestimmten „Heilmitteln" der Fall, welche den Stoffwechsel der Pflanze in einen gewissen Zustand versetzen; dieser scheint demjenigen der „natürlichen", d. h. genetisch resistenten Sorten zu entsprechen.
Wir sehen in der neuen Entwicklung der Bakterienkrankheiten einen besonders eklatanten Fall der Pestizid-Auswirkungen. Dem entspricht auch das Urteil des Phytobakteriologen RIDE (INRA): „Diese Umlagerung scheint sich tatsächlich unter dem Einfluß der Verbreitung der Behandlungen mit synthetischen Stoffen zu vollziehen."
Wir haben es hierbei offensichtlich nicht nur mit einem, sondern mit zwei Faktoren zu tun, die beide den Stoffwechsel der Pflanze verschlechtern:
— der erste besteht aus dem Verschwinden der mineralischen Stoffe wie z. B. Kupfer- oder Zinkpräparate;
— der zweite besteht in der Anwendung der synthetischen Pestizide, insbesondere der Dithiocarbamate.
Was also wie das harmlose Ablösen eines Produktes durch ein anderes aussieht, besitzt in Wirklichkeit einen *doppelt schädlichen Einfluß auf die Pflanze*. Denn die mineralischen Stoffe wie Kupfer und Zink verbessern im allgemeinen den Stoffwechsel und damit die Widerstandskraft der Pflanze, während die Pestizide das Gegenteil bewirken.
Schließlich soll noch eine andere Frage, die wir auch für grundlegend halten, angeschnitten werden.
„Es ist nicht auszuschließen, daß Zusammenhänge zwischen Nährstoffmangel und bestimmten Krankheiten, insbesondere Bakterien- und Viruskrankheiten bestehen, so wie z. B. Nährstoffmangel das Auftreten der Krankheiten begünstigt. Zum Beispiel könnten ungenügend mit Bor oder Zink versorgte Bäume empfindlicher gegenüber bestimmten Bakterien — oder Viruskrankheiten sein" (TROCMÉ, 1964).

Wenn bisher noch keine Antwort auf eine so wichtige Frage vorgeschlagen wurde, dann kann es nur daran liegen, daß keine schlüssige Theorie eine brauchbare Erklärung hierzu bietet. Unserer Ansicht nach ist jedoch unsere Trophobiose-Theorie objektiv dazu geeignet, diese Lücke zu schließen. Wir betrachten nämlich folgende Wirkungskette als nachgewiesen:
Nährstoffmangel → Hemmung des Eiweißaufbaus → Anreicherung löslicher Verbindungen → bessere Ernährung der Parasiten → Ausbreitung und Lebenskraft der Bakterien, Viren usw. Viele der im Text aufgeführten Forschungsergebnisse lassen diese Aussage zu. Weitere Forschungen sollten angestellt werden. Wir können hierzu anmerken, daß fast alle Pestizide Stickstoff und viele auch Chlor enthalten. So könnte das natürliche Gleichgewicht Stickstoff/Spurenelemente (z. B. Bor und Zink) zum löslichen Stickstoff hin verschoben werden, mit der Folge der Minderung der Widerstandskraft der Pflanze.
Auf gleiche Weise erklärt die Trophobiose-Theorie die Ähnlichkeit der Krankheitsbilder von Mangel- und biotischen Krankheiten. Die „offizielle Phytomedizin" warnt jedoch immer noch davor, in dieser Ähnlichkeit einen Ursache-Wirkungs-Zusammenhang zu sehen.
Dabei muß betont werden, daß wir weit davon entfernt sind, die Auswirkungen der Pestizide in ihrer ganzen Breite und Schädlichkeit zu kennen. Inbesondere Mehrfachbehandlungen dürften manchen Beobachtungen nach besonders starke Folgen haben.
Weil Viruskrankheiten öfter als andere Krankheiten als bösartig und geheimnisvoll empfunden werden, haben wir sie eingehend behandelt. Zusammenfassend kann man sagen, daß Umwelteinflüsse die gleiche Rolle spielen und daß die Ansteckung der Pflanze nach den gleichen Prinzipien verläuft wie bei den anderen Krankheiten — bei den Viren kommt allerdings die Übertragbarkeit hinzu.
Auch bei den Viruskrankheiten bestätigt sich das für Tiere wie Pflanzen gültige Gesetz, wonach die Krankheitsanfälligkeit von Stoffwechselstörungen herrührt, welche ihrerseits auf mangelhafte Ernährung oder Vergiftungen zurückgeführt werden können [1]).
Abschließend möchten wir anmerken, daß jede Theorie erst einmal zeigen muß, ob sie sich in ihrer Anwendung bewährt. In diesem Zusammenhang können wir jetzt schon sagen, daß die bisherigen Ergebnisse bezüglich des Schutzes verschiedener Pflanzen gegenüber einer Reihe

von Krankheiten unsere Betrachtungsweise voll bestätigen und uns zur weiteren Forschung ermutigt haben. Der von uns aufgezeigte Weg zur Verbesserung der Widerstandskraft ist die beste Methode des Pflanzenschutzes [2].

Ein solcher Pflanzenschutz besitzt nicht nur keine gefährlichen Nebenwirkungen, sondern erhält die Gesundheit der Pflanze. Nur so kann die erwünschte Wirkung erzielt werden, den Parasit vom Angriff abzubringen und die Widerstandskraft der Pflanze zu stärken.

Dazu muß allerdings zuerst eine Revolution in den Köpfen stattfinden und anschließend ein Umschwung in der Forschung eintreten.

Erst dann werden uns „die Bakterien nicht mehr den Blick für den Birnbaum versperren".

---

[1]) *Anmerkung des Herausgebers:* Nach den Erkenntnissen der klinischen Ökologie und der orthomolekularen Psychiatrie trifft dies im gleichen Maß auch für den Menschen zu. Siehe auch Alternative Konzepte Band 43 und 49:

ANNE CALATIN (Hrsg.): *Ernährung und Psyche* (Erkenntnisse der Klinischen Ökologie und der Orthomolekularen Psychiatrie).

RANDOLPH / MOSS: *Allergien: Folgen von Umweltbelastung und Ernährung* (Chronische Erkrankungen aus der Sicht der Klinischen Ökologie).

Beide: Verlag C. F. Müller GmbH, Karlsruhe.

[2]) *Anmerkung des Herausgebers:* Diese Voraussetzungen sind im ökologischen Landbau durch die Beherzigung der natürlichen Lebensgesetze abgesichert.

Anhang

Literaturnachweise

zu Kapitel 1:

CHABOUSSOU F. (1967), Étude des répercussions de divers ordres entraînées par certains fongicides utilisés en traitement de la Vigne contre le Mildiou, *Vignes et Vins,* n° 160 et n° 164, 22 p.

CHABOUSSOU F., MOUTOUS G. et LAFON R. (1968), Répercussions sur l'*Oïdium* de divers produits utilisés en traitement fongicide contre le mildiou de la Vigne, *Rev. Zool. Agric.,* pp. 37-49.

CHABOUSSOU F. (1969), Recherches sur les facteurs de pullulation des Acariens phytophages de la Vigne, à la suite des traitements pesticides du feuillage, *Thèse Fac. Sc,* Paris, 238 p. *Enregistrement C.N.R.S. A.O. 3060.*

DEEP I.W. et YOUNG R.A. (1965), The role of preplanting treatment with chemicals in increasing the incidence of crown gall, *Phytopathology* 55, pp. 212-216.

MARROU J. (1969), Les maladies à virus des plantes maraîchères, in *Les Maladies des Plantes,* ACTA, Paris, 1970, pp. 489-518.

MICHEL E. (1966), Prolifération anormale du Puceron *Myzus persicæ* élevé sur Tabac traité à la phosdrine (mévinphos), *Rev. Zool. Agric.,* 14, 6, pp. 53-62.

PONCHET J. (1979), Recherche Agronomique et pathologie végétale, *Phytoma,* novembre 1979, pp. 37-38.

PROCIDA (Firme) (1980), Les Céréales face aux maladies du progrès *Publication publicitaire,* 32 p.

SMIRNOVA I.M. (1965), The relation of the bean aphid (*Aphis fabæ* Scop.) to the content of sugars and nitrogenus substances in beet plants treated with DDT (en russe, résumé anglais) *Trudy vses. monkow. isseld. Inst Zasch. Rass.,* Leningrad, 34, pp. 124-129.

VANEV C. et CELEBIEV M. (1974), Changements intervenant dans la résistance de la Vigne vis-à-vis de l'*Oïdium* (*Uncinula necator* (Schwein) Burr et la Pourriture grise (*Botrytis cinerea* Pers.) du fait de l'emploi du produit chimique : zinèbe, *Hort. and Viticul. Science,* vol. XI, n° 5, Sofia

zu Kapitel 2:

ALBERSHEIM P., MCNEIL, DARWILL A. G., VALENT B. C., HAHN M. G., ROBERTSEN B., AMAN P., FRANZEN L. E., DESJARDIN A., ROSE M. LORRAINE et SPELLMAN M. (1980), Recognition between plant cells and microbes in regulated by complex carbohydrates. In : *« Phytoalexines et phénomènes d'élicitation », Symposium international,* avril 1980, Toulouse.

BOCZKOWSKA M. (1945), Recherches sur les affinités existant entre le Doryphore et les diverses variétés de Pomme de terre, *Ann. Epiph.,* II, pp. 191-221.

BRAIN P. J. et WHITTINGTON W. J. (1981), The influence of pH on the severity of swede powdery mildew infection, *Plant Pathology,* 30, pp. 105-109.
CHAUVIN R. (1952), Nouvelles recherches sur les substances qui attirent le Doryphore (*Leptinotarsa decemlineata* Say) vers la Pomme de terre, *Ann. Epiph.*, III, pp. 303-308.
CHABOUSSOU F. (1967), La trophobiose ou les rapports nutritionnels entre la Plante-hôte et ses parasites, *Ann. Soc. Ent. Fr.*, III (3), pp. 797-809.
CHABOUSSOU F. (1969), Recherches sur les facteurs de pullulation des Acariens phytophages de la Vigne, à la suite des traitements pesticides du feuillage. *Thèse Fac. Sc.*, Paris, n° C.N.R.S. A.O. 3060.
CHABOUSSOU F. (1971), Le conditionnement physiologique de la Vigne et la multiplication des Cicadelles. *Rev. Zool. Agric.*, pp. 57-66.
CHAMPIGNY M. L. (1960), L'influence de la lumière sur la genèse des acides aminés dans les feuilles de *Bryophyllum daigremontianum* Berger. *Thèse Fac. Sc.,* Paris.
CRANE F. A. et STEWARD F. C. (1962), Growth, nutrition, and metabolism of *Mentha piperita* L., IV. Effects of day length and of calcium and potassium on the nitrogenous metabolites of *Mentha piperita L., Cornell Univ. agric. Exp. St.*, Mem., n° 379, pp. 68-90.
CRUICKSHANK I. A. M. (1963), Phytoalexines, *Ann. Rev. Phytopathol.*, I, pp. 351-374.
DUFRENOY J. (1935), L'immunité des plantes vis-à-vis des maladies à virus, *Ann. Institut Pasteur,* 54, p. 461.
DUFRENOY J. (1936), Le traitement du sol, désinfection, amendement, fumure, en vue de combattre chez les plantes agricoles de grande culture, les affections parasitaires et les maladies de carence, *Ann. Agron. Suisse,* 37, 1936, pp. 680-728.
DUNEZ J. (1983), Mécanismes de défense chez les plantes, *Bull. Institut Pasteur,* 81, pp. 255-258.
FRITIG B. (1980), Modulation de l'élicitation : contrôle des taux de phytoalexines à différents niveaux : biosynthèse, détoxifications, suppression. In « *Phytoalexines et phénomènes d'élicitation* », avril 1980, Toulouse.
GARCIA Arenal F., FRAILE Aurora et SAGASTA E. M., Les phytoalexines dans l'interaction : *Phaseolus vulgaris, Botrytis cinerea.* In : « *Phytoalexines et phénomènes d'élicitation* », avril 1980, Toulouse.
GROSSMANN F. (1968), Conferred resistance in the host, *World Review of Pest Control,* 7, pp. 176-183.
HORVATH J. (1973), On the susceptibility of tobacco and chenopodium to virus infections in relation to the position of the leaves on the stem, « *Plant Virology* », *Prog. 7 th Conf. Czech. Plant Virology* (*High Tatras,* 1971, Bratislava. Rhite House Acad. Sci.), pp. 305-310.
JAYARAJ S. (1966), Organic acid contents in castor bean varieties in relation to their preference by the leafhopper, *Empoasca flavescens* F., *Naturwissenschaften,* t. 53-55.
JAYARAJ S. (1967), Antibiosis mechanism of resistance in castor varieties to the leafhopper : *Empoasca flavescens* F. *(Homoptera : Jassidæ), Indian J. Ent. 29 pt.*, I, pp. 73-78.

JAYARAJ S. (1967), Effect of leafhopper infestation on the metabolism c carbohydrates and nitrogen in castor varietes in relation to their resistanc to *Empoasca flavescens* F. *(Homoptera, Jassidœ). Indian J. exp. Biol* 5, n° 3, pp. 156-162.

JOHNSON T. (1946), The effect of DDT on the stem rust. Reaction c Khapli wheat. *Canad. J. Res.*, pp. 24-28.

KIRALY Z., BARNA B. et ERSEK T. (1972), Hypersensivity as a consequence not a cause of plant resistence to infection *(G. puccinia). Nature,* t. 239 5373, pp. 456-457.

KUC J. (1961), The Plant fights back. *Med. Land. Gent,* pp. 997-1004.

LABANANSKAS C. K. et HANDY M. F. (1970), The effect of iron an manganese deficiences on accumulation of protein and non-protein acid in Macadamia leaves. *J. Amer. Soc. Hort. Sci.*, 95, pp. 218-223.

LOUVET J. (1979), Maladies et fatigues du sol en cultures légumières. I *« Les maladies des Plantes »,* ACTA, pp. 67-73.

MARTIN-PREVEL P. (1977), Contribution to the discussion on Fongicides in : *« Fertilizer use and plant health »,* pp. 187-188.

MCKEE H. S. (1956), Nitrogen metabolism in leaves. *Hand. Pflanzenphysiologie.* (In W. Ruhland), Berlin.

MILLER R. L. et HIBBS E. T. (1963), Distribution of eggs of the Potato Leafhopper *Empoasca fabœ* on *Solanum* plants. *Ann. Entom. Soc. Am.*, 56, pp. 737-740.

OBI I. U. (1975), Physiological mechanisms of disease resistance in *Zea mays* to *Helminthosporium* fungi. *Diss. Abstr. int.*, B, t. 36, 5, p. 1994.

PANTANELLI E. (1921), Contribution à la biologie du mildiou de la Vigne. *Prog. agric. et vitic.*, LXXV, 87, III, 161.

PRIMAVESI A. M., PRIMAVESI A. et VEIGA C. (1972), Influence of nutritional balances of paddy rice on resistance to blast. *Agrochelica,* t. 16, 4-5, pp. 459-472.

SMIRNOVA I. M. (1965), The relation of the bean aphid (*Aphis fabœ* Scop.) to the content of sugars and notrogenus substances in beet plants traited with DDT. (En russe, résumé anglais). *Trudy vses monkaw. isseld. Inst. Zashseh. Rast.*, Leningrad, 34, pp. 124-129.

SMITH I. M. (1980), Phytoalexines : Revue. In : *18e Colloque de la Soc. Fr. Phytopathol.*, 17-18 avril 1980.

TOMIYAMA K. (1963), Physiology and biochemistry of disease resistance of plants. *Ann. Rev. of Phytopath.*, vol. I, pp. 295-324.

UMOERUS V. (1959), The relationship between peroxydase activity in potato leaves and resistance to *Phytophthora infestans. Amer. Potato J.*, 36, pp. 124-131.

VAGO C. (1956), L'enchaînement des maladies chez les Insectes. *Thèse Fac. Sc.*, Aix-Marseille, 184 p.

VANEV C. et CELEBIEV M. (1974), Changements intervenant dans la résistance de la Vigne vis-à-vis de l'Oïdium (*Uncinula necator* (Schwein) Burr) et la Pourriture grise (*Botrytis cinerea* Pers.) du fait de l'emploi du produit chimique zinèbe. *Hort. and Viticul. Science,* XI, n° 5, Sofia.

WOOD R. K. S. (1972), Introduction : disease resistance in plants. *Proc. R. Soc. Lond.*, B, pp. 181-232.

YOUNG H. C., WILCOXON R. D., WHITEHEAD M. D., DE WAY J. E., GROGAN C. O., ZUBER M. S. (1959), An ecological study of the pathogenecity of *Diplodia maydis* isolates inciting stalk rot of corn. *Plant. dis. rept.*, 43, pp. 1124-1129.

zu Kapitel 3:

ALTERGOT V. F. et POMAZOVA E. N. (1963), Action stimulante sur la croissance des plantes de mélanges de composés physiologiquement actifs et nutritifs. *Akad. Nauk. SSSR – Izv. Sibersk. Otdel. Ak. Nauk.*, 12-8, pp. 45-51.

BAETS A. de (1962), Les traitements avec les carbamates exercent-ils une influence sur la qualité du Tabac séché? *Med. Land. Op. Gent.*, 27, n° 3, p. 1148.

BLAGONRAVOVA L. M. (1974), Change of N content in apple tree leaves spraying with pesticides. *Byull. gonikitst. bot. Sada,* n° 3, 22, pp. 56-59.

BOGDANOV V. (1963), Changes in the composition and character of the bean plant after spraying with parathion or ekatin. *Igv. Inst. Zahd. Rast.*, 5, pp. 181-191, Sofia.

CHABOUSSOU F., Mlle MOUTOUS G., LAFON R. (1968), Répercussions sur l'*Oïdium* de divers produits utilisés en traitement fongicide contre le mildiou de la Vigne, *Rev. Zool. Agric. Appl.*, pp. 37-49.

CHABOUSSOU F. (1969), Recherches sur les facteurs de pullulation des Acariens phytophages de la Vigne à la suite des traitements pesticides du feuillage, *Thèse Fac. Sc.*, Paris, 238 p.

CHAPMAN R. K. et ALLEN T. C. (1948), Stimulation and suppression of some vegetable plants by DDT, *J. Econ. Ent.*, pp. 616-623.

COLLECTIF (1979), Les Pesticides, oui ou non? *P.U. Grenoble*, 231 p.

COX R. S. et HAYSLIP N. C. (1956), Progress in the control of grey mould of Tomato in southern Florida, *Plant. dis. Rept.* 40, p. 718.

COX R. S. et WINFREE J. P. (1957), Observations on the effect of fungicides on gray mold and leaf spot and on the chemical composition of strawberry plant tissues. *Plant. dis. Rept.*, 41, pp. 755-759.

FLESCHNER C. A. (1958), Host plant resistance as a factor influencing population density of Citrus red mites on orchard trees. *J. Econ. Ent.*, n° 4, pp. 637-695.

FORSYTH F. R. (1954), Effect of DDT on the metabolism of Khapli wheat seedlings, *Nature*, p. 827.

HASCOËT M. (1957), L'action des produits pesticides sur la végétation des plantes traitées, *Cahiers Ing. Agron.*, avril et mai 1957.

HORSFALL H. G. et DIMOND A. A. (1957), Interaction of tissue sugar growth substances and disease susceptibility, *Z. Pfanzen krankeit.*, 64, pp. 415-421.

HUFFAKER C. S. et SPITZER C. H. (1950), Some factors affecting red mite populations on pears in California, *J. Econ. Ent.*, pp. 819-831.

HUKUSIMA S. (1963), The reproductive capacity of the Apple leafcurling aphids (*Myzus malisinctus* Matsumura) reared on gibberellin treated apple trees. *Jap. Jour. Appl. Entom. Zool.*, vol. 7, n° 4, pp. 343-347.

ISHII S. et HIRANO C. (1963), Growth responses of larvae of the rice stem borer to rice plants treated with *2,4-D. Ent. exp. Appl.*, n° 4, pp. 257-262, 1re ref.

JOHNSON T. (1946), The effect of DDT on the stem rust-reaction of Khapli wheat. *Can J. Res.*, C., pp. 23-24.

KAMAL A. L. (1960), The effects of some insecticides and *2,4-D*, Ester on the nitrogen fraction of Bartlett pear leaf and on stem tissues. *Diss. Abs.*, t. 21, 3, p. 412.

KAMAL A. L. et WOODBRIGE C. G. (1960), The effects of some insecticides on the nitrogen fractions of Bartlett pear leaf tissues. *Proc. Amer. Soc. Hort. Sci.*, t. 76, pp. 68-73.

KLOSTERMEYER E. C. et RASMUSSEN W. B. (1953), The effect of soil insecticides treatments on mite population and damage. *J. Econ. Ent.*, pp. 910-912.

MILLARDET A. et GAYON U. (1887), Recherches sur les effets des divers procédés de traitements du mildiou par les composés cuivreux, Bordeaux. 1887, pp. 1-63.

MOLOT P. M. et NOURRISSEAU J. G. (1974), Influence de quelques substances de croissance sur la sensibilité du Fraisier aux attaques de *Phytophthora cactorum. Fruits*, 29, 10, pp. 697-702.

MOSTAFA M. A. et GAYED S. K. (1956), Effect of herbicide *2,4-D* on been chocolate spot disease, *Nature*, pp. 178-502.

NAUDRA K. S. et CHOPRA S. L. (1969), Effect of thiometon on the chemical composition and the growth of groundnut crop., *Indian J. Agr.*, 39 (3), pp. 266-270.

PICKETT W., FISH A. S. et SHAN K. S. (1951), The influence of certain organic spray materials on the photosynthetic activity on peach and apple foliage, *Proc. Amer. Soc. Sci.*, 57, III.

POLJAKOV I. M. (1966), Effets de fongicides organiques nouveaux sur les Plantes et les champignons pathogènes. *Rev. Zool. Agric.*, pp. 152-160.

RODRIGUEZ J. G. et CAMPBELL J. M. (1961), Effects of gibberellin on nutrition of the Mites : *Tetranychus telarius* and *Panonychus ulmi*, *J. Econ. Ent.*, pp. 984-987.

SAINI R. S. et CUTKOMP L. K. (1966), The effects of DDT and sublethal doses of dicofol on reproduction of the two-spotted spider mite, *J. Econ. Ent.*, 59, 2, pp. 249-253.

SARGENT J. A. et BLACKMANN G. E. (1965), Studies of foliar penetration 2; The role of light in determining the penetration of *2,4-D* acid., *J. Exp. Bot.*, pp. 16-24.

SMIRNOVA I. M., The relation of the bean aphid (*Aphis fabæ* Scop.) to the content of sugars and nitrogenus substances in beet plants treated with DDT (en russe, résumé anglais), *Trudy vses nonkew. isseld. Inst. Zashseh. Rast.*, Leningrad, 34, pp. 124-129.

SPRAU F. (1970), Bekamfung von Pflanzenkrankheiten durch bei enflussung des Verhaltens von Xirstoffpflanze und parasit, *Arch. Pflanzenschutz*, 6, H 3, pp. 221-247, Berlin.

STRAUSS E. (1965), Die Aufnahme von Kupfer durch das Blatt der schwarzen Johannisbeere, *Mitt. Klosternenburg.*, Ser. B, 75, pp. 1-127.

THORN G. D. et LUDWIG R. A. (1962), The dithiocarbamates and related compounds, Amsterdam-New York, 298 p.

VAN OVERBECK J. (1966), Planthormones and regulators. – Gibberellins cytokinins and auxine may regulate plant growth via nucleic acids and enzyme synthesis, *Science,* 1966.

WAFA A. K., MABER A., ZAHER M. A. (1969), The influence of consecutive applications of acaricides on plant sugars and resulting effect on mite nutrition, *Bull. entom. Soc. Egypt.,* Econ. Ser., n° 3, pp. 257-263.

WORT D. J. (1962), The application of sublethal concentrations of *2,4-D,* and on combination with mineral nutrients. In : *World Review of Pest control,* vol. I, part 4.

WORT D. J. (1965), Increased tuber yield of Pontiac potatoes resulting from foliar applications : *2,4-D,* mineral dusts, *Amer. Potato J.,* t. 42-44, pp. 90-96.

YURKEVITCH I. V. (1963), Effect of trace elements on the action of *2,4-5* trichlorophenoxyacetic acid, *Soviet Plant. Physio.,* 10 (1), p. 70.

zu Kapitel 4:

AHL P. BENJAMA A., SAMSON R. et GIANINAZZI S. (1980), New host protein induced by bacterial infection together with resistance to a secondary infection Tobacco, *Document ronéotypé. Symposium international Toulouse,* avril 1980.

BERTRAND D., WOLF M.A DE et SILBERSTEIN L. (1961), Influence de l'oligo-élément zinc sur la synthèse de quelques amino-acides dans les feuilles de Pois *(Pisum sativum), C.R.Ac Sc.,* t. 253, p. 2586.

BOMPEIX G. (1981), Mode d'action du phoséthyl-Al, *Phytiatrie-Pharmacie.,* 30, pp. 257-262.

CHABOUSSOU F., Mlle MOUTOUS G. et LAFON R. (1968), Répercussions sur l'Oïdium de divers produits utilisés en traitement fongicide contre le mildiou de la Vigne, *Rev. Zool, Agric,* n° 10-12, pp. 37-49.

CHABOUSSOU F. (1980), *Les Plantes malades des pesticides.* Bases nouvelles d'une prévention contre les maladies et parasites, Éd. Debard, 7, bd Victor, Paris.

CLERJEAU M., LAFON R., BUGARET Y. et SIMONE J. (1981), Mode d'action des nouveaux fongicides anti-mildiou chez la Vigne, *Phytiatrie-Phytopharmacie,* 30, n° 4, pp. 215-234.

COLLECTIF (1979), *Les Pesticides, oui ou non?* Presses universitaires de Grenoble, 231 p.

CRANE F.A. et STEWART F.C. (1962), Growth, nutrition and metabolism of *Mentha piperita* L. IV. – Effects of day length and of calcium and potassium on the nitrogen metabolites of *Mentha piperita* L. *Cornell Univ. Agric. St.* Mem. n° 379, pp. 68-90.

DAVET F. (1981), Effets non intentionnels des traitements fongicides sur les microflores aériennes, telluriques et aquatiques, *3e Colloque sur les effets nutritionnels des fongicides,* Soc. PP., Paris.

DEEP I.W. et YOUNG R.A. (1965), The role of pretreaments with chemicals in increasing the incidence of crown gall, *Phytopathology,* 55, pp. 212-216.

DEMOLON A. (1946), *L'évolution scientifique et l'Agriculture française,* Paris, 329 p.
DUQUESNE J. et GALL H. (1975), L'influence du porte-greffe sur la sensibilité de l'Abricotier aux Bactérioses, *Phytoma,* n° 268, juin 1975, pp. 22-26.
FORSTER R.L. et ECHAUDI E. (1975), Influence of calcium nutrition of bacterial canker on resistant and susceptible Lycopersicum, *Phytopathology,* 65, pp. 84-85.
GALLEGLY M.E. et WALKER J.C. (1940), Plant nutrition in relation to disease development. V. Bacterial wilt of Tomato. Amer. Agron. J. 21 (5), pp. 611-623.
HUGUET Cl. (1970), Les oligo-éléments en arboriculture et en viticulture, *Ann. Agron.* 21 (5), pp. 671-692.
LIPKE W.G. (1968), The association of free amino acids of cotton leaves with resistance to *Xanthomonas malvacearum* caused by B 4 gene and the influence of nitrogen and potassium nutrition, *Dissert Abstr,* 28, p. 1022.
MCNEW G.L. et SPENCER E.L. (1939), Effect of nitrogen supply of sweet corn on the wilt bacterium, *Phytopathology,* 29.
PARMENTIER G. (1973), Action fongicide des tensio-actifs. III. Fongotoxicité – Phytotoxicité, *Parasitica,* t. XXV, n° 3, pp. 86-96.
PRIMAVESI A.M., PRIMAVESI A. et VEIGA C. (1972), Influence of nutritional balances of paddy rice on resistance to Blast, *Agrochemica,* t. 16, 4-5, pp. 459-472.
RIDE M. (1962), Les bactérioses des arbres fruitiers, *B.T.I.,* 167, pp. 257-274.
RIDE M. (1973), La distribution du « Feu bactérien » dans le monde et les conditions de son installation en Europe, *Brochure Invuflec,* pp. 3-10.
RIPPER W.E., Side effects of pesticides on plant growth. *7e British Weed Control Conf. Proceedings,* 3, pp. 1040-1058.
SOENEN A. (1975), Les traitements contre les maladies en culture fruitière. *Symposium semaine d'étude « Agriculture et hygiène des plantes »,* Gembloux, 8-12 septembre 1975.
STARON T., KOLLMANN A., COUSIN M.T., FAIVRE-AMIOT A. et MOREAU J.-P. (1970), Action de trois antibiotiques sur deux espèces végétales atteintes de Stolbur. Étude comparée des acides aminés libres et des protéines, *Ann. Phytopathol.,* 2, pp. 547-553.
TEJERINA G., SERRA M.T. et CASTREONA M.C. (1978), Influence of fertilizer on *Erwinia carotovora pathogenesis. Proc. IVe Int. Conf. of Plant pathogenic Bacteria,* pp. 607-615.
TROCMÉ S. (1964), *Phytoma,* juin 1964.
WILLIAMS B.J. et BOONE D.M. (1963), *Venturia inæqualis.* XVI. Amino acids in relation to pathogenicity of two wild type lines to apple varieties, *Phytopathology,* 53, pp. 979-983.

zu Kapitel 5, Teil 1:

ALTMAN J. et CAMPBELL C.L. (1977), Effect of herbicides on plant diseases, *Ann. Rev. Phytopathol.,* 15, pp. 361-385.
BAWDEN F.C. et KASSANIS B. (1950), Some effects of plant-nutrition on the multiplication of viruses, *Ann. appl. Biol.* 37, pp. 215-228.

BÖNING K. (1973), On the relations between plant nutrition and susceptibility of parasitical and non-parasitical diseases, *Mitt. biol. Bundes. Land.*, n° 151, pp. 1-15.

BOVEY R., GARTEL W., HEWITT W.B., MARTELLE G.P., VUITTENEZ A. (1980), Maladies à virus et affections simulaires de la Vigne, Payot, *La Maison Rustique.*

BRANAS J et BERNON G. (1954), Le Plomb de la Vigne, manifestation de la carence en bore, *C.R.Ac. Agric. Fr.*, pp. 593-596.

CHABOUSSOU F. (1967), Étude des répercussions de divers ordres entraînées par certains fongicides utilisés en traitement de la Vigne contre le mildiou, *Vignes et Vins*, n° 160 et n° 164, 22 p.

CHOUARD P., La Recherche scientifique en Chine, au lendemain de la révolution culturelle, *La Recherche*, 23, mai 1972, pp. 411-416.

CORS F., KAMMERT J. et SEMAL J. (1971), Some effects of systemic fungicides on virus multiplication in plantes, *Med. Fac. Land. Rijk. Gent.*, t. 36, pp. 1066-1070.

DELAS J. et MOLOT C. (1967), Fertilisation potassique du vignoble bordelais : résultats d'un essai de 7 ans, *Bull. AFES*, 1, pp. 39-47.

DUFRENOY J. (1936), Le traitement du sol, désinfection, amendements, fumures, en vue de combattre chez les plantes de grande culture les affections parasitaires et les maladies de carences, *Ann. Agron. Suisse*, 37, pp. 680-728.

GOSWANI B.K., RAYCHAUDHURI S.P. et NARIANI T.K. (1971), Free amino-acid content of the greening-effected and healthy plantes of the sweet-orange *(Citrus sinensis)*, *Curr. Sci.*, t. 40, pp. 469-470.

HOWARD A. (1940), « Testament Agricole », *Vie et Action*, 236 p.

HUGUET Cl. (1970), Les oligo-éléments en arboriculture et viticulture, *Ann. Agron.*, 21 (5), pp. 671-692.

LEPINE P., Les virus. P.U. France, Coll. « Que sais-je? » 1973, 125 p.

LIMASSET P. et CAIRASCHI E.A. (1941), Les maladies à virus des plantes, *Monographies publiées par les stations et Laboratoires de recherches agronomiques*, 88 p.

LIMASSET P., LEVIEIL F. et SECHET M. (1948), Influence d'une phytohormone de synthèse sur le développement des virus X et Y de la Pomme de terre chez le Tabac, *C.R.Ac. Sc.*, Paris, pp. 227-643.

LOCKARD R.G. et ASOMANING E.J.A. (1965), Mineral nutrition of Cacao (*Theobroma cacao* L.) II. Effects of Swollen shoot virus on the growth and nutrient content of Plants grown under nutrient deficient, excess and control conditions in sand cultures, *Trop. Agriculture Trin*, vol. 42, n° 1, janvier 1965.

MARROU J. (1970), Les maladies à virus des plantes maraîchères. In : *Les maladies des plantes*, ACTA, Paris, 1970, pp. 489-518.

MARTIN C. (1976), Nutrition and virus diseases of plantes, *Fertilizer use and plant health. Int. Potash Institute*, 1976, pp. 193-200.

MAYEE C.D. et GANGULY B. (1973), Effect of nitrogen fertilizer on wheat infected with wheat mosaïc streak virus, *Indian J. Mycol. Plant Pathol*, t. 3, 2, pp. 212-213.

McKenzie D.R., Cote M. et Ercegovitch C.D. (1968), Resistance breakdown in maize to maize dwarf mosaïc virus after treatment with atrazine, *Phytopathology,* 58, 1058 Ab.

Mc Kenzie D.R., Cole H., Smith C.B. et Ercegovitch C. (1970), Effects of atrazine and maize dwarf mosaïc infection on weight and macro and micro element constituents of maize seedlings in the greenhouse, *Phytopathology,* 60, pp. 272-279.

Mehani S. (1969), Influence de fumures sur la dégénérescence infectieuse des Artichauts due au virus latent en Tunisie, *Annales de Phytopathologie,* vol. I, nº hors série, pp. 405-408.

Misra A.K. et Singh B.P. (1975), Influence of chemicals on metabolism of *Chrysanthemum* Stunt virus infected *Chrysanthemum* leaves, *Ind. J. Exp. Biol.,* t. 13, pp. 34-38.

Nourrisseau J.-C. (1970), Quelques mesures pratiques de lutte contre le *Phytophthora cactorum* (L. et C. Schroet) du Fraisier, *Rev. Zool. Path. Veg.,* pp. 12-17.

Oka I.N. et Pimentel D. (1976), Herbicide *(2,4-D)* increases insect and pathogen pests on corn, *Science,* 193, pp. 239-240.

Paliwal Y.C., Increased susceptibility to maize borer in maize mosaïc virus-infested plants in India. *(Chilo partellus) J. Econ. Entomol.,* t. 64, 3, pp. 760-761.

Rasocha V. (1973), Time of infection and nutrient effect on susceptibility of potatoes to virus Y, *Plant Virology, Proc. 7 th Conf. Czech. Plant Virology,* Bratislava, *Public. House Slov-Akad. Sci.,* pp. 545-552.

Rives M. (1972), Essais de porte-greffes multicombinaisons, *Connaissance de la Vigne et du Vin,* t. 6, nº 3, pp. 223-235.

Russell G.E. (1971), Effects on *Myzus persicæ* (Sulz.) and transmission of beet yellows of applying certain trace-elements to sugar beet, *Annals of Applied Biology,* 68, (I), pp. 67-70.

Russell G.E. (1972), Inherited resistance to virus yellows in sugar beet, *Proc. R. Soc. Lond.,* B. 181, pp. 267-279.

Schepers A. et Beemster A.B.R. (1976), « Effet des engrais sur la sensibilité de la Pomme de terre aux infections dues à des viroses avec référence générale à la résistance des plantes mûres », *Coll. Inst. Int. Potasse,* IZMIR.

Souty J. (1951), Les porte-greffes du Prunier, *IIe Congrès National de la Prune et du Pruneau.*

Sutic D. (1975), La greffe comme technique de protection des plantes, *Symposium sur la Protection des plantes,* Gembloux.

Trocmé S. (1956), Les oligo-éléments, Carences, Excès, Diagnostic et traitement de ces maladies. Emploi des oligo-éléments dans la fertilisation, *Centre international des engrais chimiques,* C.R. Ve Assemblée générale, pp. 59-77.

Vago C. (1956), L'enchaînement des maladies chez les Insectes, *Thèse Fac. Sciences,* Aix-Marseille, 184 p.

Van Emden H.F. (1969), Plant resistance to aphids induced by chemicals, *J. Sci. Fd. Agric.,* vol. 20, pp. 385-387.

VAN EMDEN H.F. et BASHFORD M.A. (1970), The performance of *Brevicoryne brassicæ* in relation to plant age and leaf amino-acids, *Ent. exp. applic.*, 14, pp. 349-360.

VICARIO B.T. (1972), A study of the effect of pesticides (*2,4-D* ester, agroxone 4 and malathion) on the phosphorus, potassium, calcium and total nitrogen levels in novaliches clay loam soil, *Araneta Tes. J.*, t. 19, 2, pp. 103-114.

WALLACE A., NORTH C.R. et FROLICH E. (1953), Interaction of Rostock soil pH and nitrogen on the growth and mineral composition of small Lemon trees in a glasshouse, *Proc. Amer. Soc. Hort. Sc.*, 62, pp. 75-78.

WARCHOLOWA M. (1968), Effect of potassium on the metabolism of sugar beet plants infested with beet yellows virus, *Zess. Probl. Post. Nauk. Roln.*, t. III, pp. 229-235.

zu Kapitel 5, Teil 2:

AUCLAIR J. L. et CARTIER J. J. (1964), Effets de jeûnes intermittents et de périodes équivalentes de substances sur des variétés résistantes et susceptibles de Pois : *Pisum sativum* L. sur la croissance, la reproduction et l'excrétion du Puceron du Pois : *Acyrthosiphon pisum* Harris *(Homoptera : Aphididæ), Entomol. exp. appl.*, vol. 3-4, pp. 315-326.

AUCLAIR J. L. et CARTIER J. J. (1964), L'élevage du Puceron du Pois, *Acyrthosiphon pisum* Harris *(Homoptera : Aphididæ)* sur un régime nutritif de composition chimique connue, *Ann. Soc. Entomol.*, Québec, pp. 68-71.

AUCLAIR J. L. (1965), Feeding and nutrition of the Pea *Acyrthosiphon pisum (Homoptera : Aphididæ)* on chemical diets of various pH and nutrient levels, *Ann. Entomol. Soc. America*, 58, 6, pp. 855-875.

BOVEY P. et MEIER W. (1962), Uber den Einfluss chemischer Kartoffelkäfer – bekämpfung auf Blattausfeinde und Blattauspopulationen, *Sch. Landw. Forschung*, I, p. 522.

CHABOUSSOU F. (1969), Recherches sur les facteurs de pullulation des Acariens phytophages de la Vigne à la suite des traitements pesticides du feuillage, *Thèse Fac. Sc.*, Paris, 238 p.

CHAN T. K. (1972), A biochemical study of resistance in barley to the greenbug, *Schizaphis graminum, Diss. Abstr. interonvion*, t. 33, 2, p. 610 B.

FENTON F. A. (1959), Effect of several insecticides on the total arthropod population in alfalfa, *J. Econ. Ent.*, 52, 3, pp. 428-432.

GRANETT P. et READ J. P. (1960), Field evaluation of sevin as an insecticides for pests of vegetables in New-Jersey, *J. Econ. Ent.*, 53, 3, pp. 388-395.

HUKUSIMA S. (1963), The reproductive capacity of the Apple leafcurling aphids (*Myzus malisinctus* Matsumura) reared on gibberellintreated apple trees, *Jap. Jour. Appl. Entom. Zool.*, vol. 7, nº 4, pp. 343-347.

HUKUSIMA S. et ANDÔ K. (1967), Fecondity of apple leaf-curling aphid (*Myzus malisinctus* Matsumura), with relation to external feature and nutritional change of apple leaves in different varieties. *(Homoptera : Aphididæ), Bull. Fac. Agric. Gifu Univ.*, p. 21.

KESSLER B., SWIRSKI E. et TACHORI A. S. (1959), Effects of purine upon the nucleic acids and nitrogen metabolism of leaves and their sensitivity to aphids. *Klavin*, Israël, 9, nº 3-4, pp. 265-274.

Klostermeyer E. C. (1959), The relationship between insecticides altered populations and the spread of potato leaf roll, *J. Econ. Ent.*, 52, pp. 727-730.

Kowalski R. et Visser P. E. (1983), Nitrogen in a crop-pest interaction; cereal aphids 1979. In *Nitrogen as an ecological factor – 22e symposium of British Ecological Society*, Oxford, 1981.

Lipke H. et Fraenkel G. (1956), Insect nutrition, *Ann. Rev. Entomol.*, I, pp. 17-44.

Markkula M. et Laurema S. (1964), Changes in the concentration of free amino-acids in plants induced by virus diseases and the reproduction of aphids, *Ann. Agric. Fenn.*, pp. 265-271, Helsinki.

Marrou J. (1965), La protection des plantes maraîchères contre les virus, *C.R. Jour. Phytiatrie-Phytopharmacie. Circum – méditerranéennes*, Marseille, pp. 174-180.

Maxwell R. C. et Harwood R. F. (1960), Increased reproduction on broad beans treated with *2,4-D, Ann. Ent. Soc. Amer.*, 53, n° 2, pp. 199-205.

Michel E. (1964), Prolifération anormale du Puceron *Myzus persicæ* élevé sur tabacs traités à la phosdrine, *SEITA, Annales*, section 2, pp. 183-190.

Michelbacher et al. (1946), Increase in the population of *Lecanium pruinosum* on English walnuts following applications of DDT – spray, *J. Econ. Ent.*, pp. 812-813.

Miller J. W. et Coon B. F. (1964), The effect of Barley yellow dwarf virus on the biology of its vector English frain aphid : *Macrosiphum granarium, J. Econ. Ent.*, pp. 970-974.

Mink G. L. (1969), Preference of green peach aphids for virus-infected sugarbeet leaves, *J. Econ. Ent.*, 62, p. 28.

Mittler T. E. et Dadd R. H. (1963), Studies on the artificial feeding of the aphid *Myzus persicæ* (Sulzer).

I. Relative uptake of water and sucrose solutions, *J. Insect Physiol.*, 9, 5, pp. 623-635.

II. Relative survival, development and larviposition on different diets, *J. Insect Physiol.*, 9, 5, pp. 741-757.

III. Some major nutritional requirements, *J. Insect Physiol.*, 11, pp. 717-743, 1965.

Münster J. et Murbach R. (1962), L'emploi d'insecticides contre les pucerons vecteurs de viroses de la Pomme de terre peut-il garantir la production de plantes de qualité?, *Rev. Rom. d'Agric. Vitic.*, pp. 41-43.

Ortman E. E. (1965), A study of the free amino-acids in the spotted alfalfa aphid and pea aphid and their honey in relation to the fecondity and honeydew excretion of aphids feeding on a range of resistant and susceptible alfalfa selections, *Diss. Abs.*, 25, 7, pp. 415-416.

Peterson A. G. (1963), Increases of the green peach aphid following the use of some insecticides on potatoes, *Amer. Potato J.*, 40, n° 4, pp. 121-129.

Pimental D. (1961), An ecological approach to the insecticide problem, *J. Econ. Ent.*, pp. 108-114.

POJNAR E. (1963), Changes occuring in free amino – acid composition of healthy and virus X – infected tobacco leaves, *Acta biol. Cracov. Ser. Bot.,* 5, n° 2, pp. 171-179.
POLJAKOV I. M. (1966), Effets de fongicides organiques nouveaux sur les Plantes et les Champignons pathogènes, *Rev. Zool. Agric. Appl.,* n°s 10-12, pp. 152-160.
REDENZ-RÜSCH I. (1959), Recherches sur la faune nuisible et utile d'une plantation fruitière du « Bergisches Land ». Étude de l'influence des produits chimiques sur cette faune, *Höfchen Briefe,* n° 4, pp. 169-256.
RUSSELL G. E. (1972), Inherited resistance to virus yellows in sugar beet, *Pros. R. Sonc. Lond.,* B. 181, pp. 269-279.
SHANKS C. H. et CHAPMAN R. K. (1965), The effect of insecticides on the behavior of the green peach aphid and its transmission of Potato virus Y, *J. Econ. Ent.,* 58, I, pp. 79-83.
SMIRNOVA I. M. (1965), The relation of the bean aphid *(Aphis fabæ)* to the content of sugars and nitrogenus substances in beet plants treated with DDT (en russe, résumé anglais), *Trudy vses nonkew. isseld. Inst. Zahseh,* Rast-Leningrad, 34, pp. 124-129.
STEINER H. (1962), Einflüsse von Insektiziden, Akariziden, und Fungiziden auf die Biozönose der Obstlanlagen, *Entomophaga,* 3e trimestre 1962, pp. 236-242.
THURSTON R. (1965), Effect on insecticides on the green peach aphid: *Myzus persicæ* (Sulzer) infesting Burley Tobacco, *J. Econ. Ent.,* pp. 1127-1130.
VOLK J. (1954), Über Blattlausbeobachtungen und Krankheits Ansausbreitung bei verschieden gedüngten Kartoffeln, *Mitt. biol. Land-Forst-Wirtisch. Dtsch.,* n° 80, pp. 151-154.
WEARING C. H. et VAN EMDEN H. F. (1967), Studies on the relations of insect and host Plant. Effects of water stress in host plants on infectation by *Aphis fabæ* Scop, *Myzus persicæ* Sulz. et *Brevicorynæ brassicæ,* L. II. Effects of water stress in host plant on the fecundity of *Myzus persicæ* Sulz and *Brevicorynæ brassicæ* L., *Nature,* 213, n° 5080, pp. 1051-1052.

zu Kapitel 6:

BLANC-AICARD D. et BROSSIER J. (1962), Influence du porte-greffe sur l'équilibre cationique des feuilles de Poirier, *16e Int. Hort. Congr.,* Bruxelles, t. 3, pp. 48-53.
BOUCHE-THOMAS M. (1948), La haie fruitière, *Congr. Pomol. Fr.,* p. 168.
BOVEY R. (1971), Observations sur la dissémination de la maladie des proliférations du Pommier, *VIIIe Symp. européen sur les maladies à virus des arbres fruitiers,* Bordeaux, 1970, INRA, pp. 387-390.
CARLES J.-P., CHABOUSSOU F. et HARRY Paula (1972), Influence de la nature du porte-greffe sur la multiplication de l'Araignée rouge : *Panonychus ulmi* Koch *(Acariæ : Tetranychidæ)* aux dépens d'un même greffon : le Merlot rouge, *Com. Acad. Agric.,* 6 décembre 1972, pp. 1403-1417.
CHABOUSSOU F., Mlle MOUTOUS G. et LAFON R. (1968), Répercussions sur l'Oïdium de divers produits utilisés en traitement fongicide contre le mildiou de la Vigne, *Rev. Zool. Agric. Appl.,* pp. 37-49.

COLLECTIF (1980), Les porte-greffes de la Vigne dans le Bordelais et le Bergeracois, 25 p. Chambre d'Agriculture de la Gironde, Bordeaux.
CONGRÈS international phylloxérique de 1881, Bordeaux.
DO VALE D. C. (1972), Influence of different rootstocks on some biochemical constituents of leaves of Lisbon lemon scions, *Dissert. Abstr. Internation.*, Ser. D., t. 32, pp. 4958-4959 B.
DUVAL-RAFFIN Martine (1971), Contribution à l'étude de l'influence des porte-greffes sur la composition minérale des greffons chez la Vigne, *Mémoire ENITA*, Gradignan, Bordeaux.
GAGNAIRE J. et VALLIER C. (1968), Variation des taux de potassium dans les feuilles de Noyer greffé sur *Juglans regia/Juglans nigra* cultivés dans les conditions naturelles, *C.R. Ac. Agric. Fr.*, 24 janvier 1968, pp. 81-86.
HALMI M. et BOVAY E. (1972), Influence du porte-greffe sur l'alimentation du cépage blanc « Chasselas fendant roux », en Suisse Romande, *Rech. agron. Suisse*, t. II, 3, p. 389.
LABANANSKAS C. K. et BITTERS W. P. (1974), Influence of rootstocks and interstoks on the macro and micronutrients in Valencia oranges leaves, *Calif. Agric.*, t. 28, pp. 1-13.
MAILLET P. (1957), Contribution à l'étude de la biologie du Phylloxéra de la Vigne, *Thèse Fac. Sc.*, Paris, *Ann. Sc. Nat. Zool.*, 403 p.
MIKELADZE E. G. (1965), Modification de la synthèse des acides aminés dans les greffons de Vigne (en géorgien), *Akad. Nauk. Gruzinsk. ssr. Inst. Bot. Fiziol. Drev. Rast Stir.*, n° 1, pp. 58-65.
MORVAN G. et CASTELAIN C. (1972), Induction d'une résistance de l'Abricotier à l'Enroulement chlorotique (ECA) par le greffage de *Prunus spinosa. Ann. Phytopathol.*, 4 (4), pp. 405-421.
PERRIER DE LA BATHIE, Recherches sur le traitement de la Pourriture grise, *Revue de Viticulture*, avril 1904, pp. 433-438.
SOULARD R. (1952), Puceron lanigère et porte-greffes immunes du Pommier, LXXIX, 82-84, *Bull. Soc. Pomol. Fr.*
SUTIC D. (1975), La greffe comme technique de protection des plantes, *Comm. Symp. Gembloux*, septembre 1975.
VUITTENEZ A. et KUSZALA J. (1963), Études sur la transmission mécanique, les propriétés physiques et sérologiques du virus de la dégénérescence infectieuse. Applications possibles au diagnostic de la maladie chez la Vigne, *C.R. Ac. Agric. Fr.*, pp. 795-810.
WALLACE A., NAUDE J., MUELLER R. T. et ZIDAN Z. I. (1952), The rootstocks – scion influence on the inorganic composition of Citrus, *Proc. Amer. Soc. Hort. Science*, 59, pp. 133-142.

zu Kapitel 7:

ADAMS J. B. et DREW M. E. (1965), Grain aphids in New Brunswick. III. Aphid populations in herbicide-treated oat fields, *Canad. J. Zool.*, t. 43, 5, pp. 789-794.
ALTMAN J. et CAMPBELL C. L. (1977), Effect of herbicides on plant diseases, *Ann. Rev. Phytopathol*, 15, pp. 361-385.
BARRALIS G. (1978), Modifications de la flore adventice des Agrocenoses résultant de l'emploi d'herbicides et leurs conséquences, *Coll. Incidences secondaires herbicides*, Soc., pp. 24-29.

Betaeghe T. et Cottenie A. (1976), Aspects botaniques et analytiques de l'évolution à longue échéance de l'état nutritif du sol, *Ann. Agron.*, 27 (56), pp. 819-836.

Bouché M. B. et Fayolle L. (1981), Effets des fongicides sur quelques éléments de la pédofaune : conséquence économique, *3e Coll. sur les effets non intentionnels des fongicides,* INRA., BV 1540-21034.

Bowling C. C. (1963), Effect of nitrogen levels on rice water weevil populations, *J. Econ. Ent.*, 56, pp. 826-827.

Bussler W. (1982), Symptômes de carences dans les végétaux supérieurs. I. Généralités. La littérature depuis 1970, *La Revue de la Potasse,* section 23, 13e suite.

Collectif (1979), Les pesticides, oui ou non?, *Presses universitaires de Grenoble,* 231 p.

Darmency H., Compoint J.-P. et Gasquez J. (1981), La résistance aux triazines chez *Polygonum lapathifolium, C.R.Ac. Agric.*, 4 février 1981, pp. 231-238.

Eden W. G. (1953), Effect of fertilizer on rice weevil damage to corn at harvest, *J. Econ. Ent.*, XLVI, 3, pp. 509-510.

Gojko A., Pivar (1967), Influence de certains insecticides appliqués pour la lutte contre la Pyrale du Maïs *(Ostrinia nubilalis)* sur les mauvaises herbes des surfaces traitées (en serbe), *Plant protection,* 93-95, XVIII, pp. 213-219.

Gramlich J. V. (1965), The effect of atrazine on nitrogen metabolism of resistant and susceptible species, *Diss. Abstr.*, 26, 2, pp. 649-650.

Hanks R. W. et Feldman A. W. (1963), Comparison of free amino-acids and amines in roots of healthy and *Radopholus similis* – infected Grapefruit seedlings, *Phytopathology,* 53, 4, p. 419.

Harranger J. (1982), Les taches brunes de l'Orge, *Phytoma,* janvier 1982, pp. 17-19.

McClurg C. A. et Bergman E. L. (1972), Influence of selected pesticides on leaf elemental content and yield of garden beans *(Phaseolus vulgaris), J. Environ. Quality,* I, pp. 200-203.

McKenzie D. R., Cole H. et Ercegovich C. D. (1968), Resistance breakdown in maize dwarf virus after treament with atrazine, *Phytopathology,* 58, p. 1058 (Abtr.)

McKenzie D. R., Cole H., Smith C. B. et Ercegovitsch C. (1970), Effects of atrazine and maize dwarf mosaïc virus infection on weight and macro and micro element constituents of maize seedlings in the greenhouse, *Phytopathology,* 60, pp. 272-279.

Morin B. (1981), Le désherbage du Maïs, *Phytoma,* mars 1981, pp. 19-22.

Oka I. N. et Pimentel D. (1976), Herbicide *2,4-D* increases insect and pathogen pests on corn, *Sciences,* 193, pp. 239-240.

Parmentier G. (1979), Principes de lutte intégrée contre les maladies des céréales, *Revue de l'Agriculture* (belge), n° 2, vol. 32, pp. 419-421.

Ponchet T. (1979), Recherche agronomique et pathologie végétale, *Phytoma,* novembre 1979, pp. 37-38.

Poulain D. (1975), Utilisation des fongicides systémiques sur les céréales en végétation : mise en évidence d'actions secondaires (application au modèle bénomyl – blé tendre d'hiver), *Thèse Université de Rennes,* 157 p.

PRIMAVESI A. M., PRIMAVESI A. et VEIGA C. (1972), Influence of nutritional balances of paddy rice on resistance to blast, *Agrochemica,* t. 16, 4-5, pp. 459-472.

QUIDEZ B. G. (1978), Effets de N, P, K, Cu Mo et Zn sur la croissance du Riz sur des sols organiques, *Philippine J. of Crop Sci.,* n° 3, pp. 203-206.

RANGA REDDY P. et SRIDHAR R. (1975), Influence of potassium and bacterial blight disease on phenol, soluble carbohydrates and amino-acid contents in rice leaves, *Acta Phytopath. Acad. Sci. Hungariæ,* 10, n° 1-2, pp. 55-62.

RAMBIER A. (1978), Action secondaire des herbicides sur l'entomofaune, *Coll. incidences secondaires des herbicides,* p. 54.

RITTER M. (1981), Actualité des problèmes et des recherches en nématologie agricole, *C.R.Ac. Agric.,* pp. 255-265.

SHIGEYASU AKAI (1962), Application de la potasse et apparition *d'Helminthosporium* sur Riz, *Revue de la Potasse,* section 23, p. 7.

SHUPHAN W. (1974), Nutritional values of crops by organic and inorganic fertilizer treatments (Results of 12 years experiments with vegetables : 1960-1972), *Qual. Plant. Pl. Fds. Hum. Nutr.,* 22, pp. 333-353.

SMITH B. D. (1973), The effect of plant growth regulators on the susceptibility of plants to attack by pests and diseases, *Acta Horticulturæ,* 34, pp. 65-68.

SRIDHAR R. (1075), The influence of nitrogen fertilization and the blast disease development on the nitrogen metabolism of rice plants, *Riso,* t. 24, I, pp. 37-43.

TROLLDENIER G. et ZEHLER E. (1973), Relations entre la nutrition des plantes et les maladies du Riz, *12e Coll. Int. Inst. Potasse.*

VAITHILINGAM C. (1982), Studies on potash induced resistance against certain insect pests in Rice, *Thèse Annamalai University,* India, 347 p.

VAQUER A. (1973), Absorption et accumulation de résidus de certains pesticides et de polychlorobiphénoles par la végétation aquatique naturelle et par le Riz en Camargue, *Oecol. Plant,* 8 (4), pp. 353-365.

WEBSTER J. M. (1967), Some effects of *2,4-D* and herbicides of nematode-infested cereals : *Ditylenchus dipsaci, Plant Pathol,* 16, I, pp. 23-26.

XIE JEAN-CHANG, MA MAO-TONG, TOU CHEN-LIN et CHEN CHI-HING (1982), Capacité d'approvisionnement en potassium et besoins en engrais potassique des principaux sols à Riz en Chine, *Revue de la Potasse,* section 14, 76e suite, n° 5.

zu Kapitel 8:

AGRAWAL M.P. et PANDAY D.C. (1972), Effect of copper application on chlorophyll content on wheat leaves, *Indian J. Agri Sc.,* t. 42, 3, pp. 230-232.

ALTMAN J. et CAMPBELL C.L. (1977), Effect of herbicides on plant diseases *Ann. Rev. Phytopathol,* 15, pp. 361-385.

BERNHARD R., MARENAUD Cl., EYMET J., SECHET J., FOS A. et MOUTOUS G., Une maladie complexe de certains Prunus : le dépérissement de Molières, *C.R.Ac. Agric.,* 2 février 1977, pp. 178-189.

BERTRAND D., WOLF M.A. et DE SILBERSTEIN L. (1961), Influence de l'oligo-élément zinc sur la synthèse de quelques amino-acides dans les feuilles de Pois *(Pisum sativum). C.R.Ac. Sc.*, t. 253, p. 2586.

BERTRAND D. (1979), La cytophysiologie des oligo-éléments suivant Dufrenoy. Hommage à Jean Dufrenoy, *Ac. Agric.*, pp. 67-72.

BOMPEIX G. (1981), Mode d'action du phoséthyl Al, *Phytiatrie-Phytopharmacie*, 30, pp. 257-272.

BRANAS J. et BERNON G. (1954), Le plomb de la Vigne, manifestation de la carence en bore, *C.R.Ac. Agric.*, pp. 593-596.

CHABOUSSOU F., MOUTOUS G. et LAFON R. (1968), Répercussions sur l'Oïdium de divers produits utilisés en traitement fongicide contre le mildiou de la Vigne, *Rev. Zool. Appl.*, pp. 37-49.

COÏC Y. et TENDILLE Cl. (1971), Causes connues des variations quantitatives des oligo-éléments dans les végétaux, *Ann. Nutr. Alim.*, 25, B 97, B 131.

COPPENET M. (1970), Les oligo-éléments en France – Exemples de problèmes régionaux, *Ann. Agron.*, 21 (5), pp. 587-601.

DELAS J. et DARTIGUES A. (1970), Les oligo-éléments en France. Le Sud-Ouest, *Ann. agron.*, 21 (5), pp. 603-615.

COX R.S. et HAYSLIP N.C. (1956), Progress in the control of grey mould of tomato in southern Florida, *Plant. dis. Rep.*, 40, p. 718.

COX R.S. et WINFREE J.P. (1957), Observations on the effect of fungicides on grey mold and leaf spot and on the chemical composition of strawberry plant tissues, *Plan. dis. Rept.*, 41, pp. 755-759.

CRANE F.A. et STEWARD F.C. (1962), Growth, nutrition and metabolism of *Mentha piperita*, L. IV. – Effects of day length and of calcium and potassium on the nitrogenous metabolites of *Mentha piperita L, Cornell Univ. agric. Exp. St. Mem.*, n° 379, pp. 68-90.

DELMAS J. (1972), Recherches sur la nutrition de la Vigne en conditions hydroponiques, *C.R.Ac. Sc. Hongrie*, pp. 679-697.

DEMESTJEVA M.I. et STRURUA D.G. (1970), Action fongitoxique des engrais (en russe), *Dokl. Tskha*, t. 165, pp. 127-130.

DOBROLYNBSKIJ O. K. et FEDORENKO I. V. (1969), Influence of zinc on the content of phosphorus compounds in grape plants, *Soviet Plant Physiol*, 16, 5, pp. 739-744.

DUFRENOY J. (1934), Les constituants cytologiques des Citrus carencés, *Ann. Agron.*, 4, pp. 83-92.

DUFRENOY J. et REED H.S. (1934), Effets pathologiques de la carence ou de l'excès de certains ions sur des feuilles de Citrus, *Ann. Agron.*, pp. 637-653.

DUFRENOY J. (1934), Le zinc et la croissance de la Vigne, *La Potasse*, 6, 75, pp. 137-138.

DUFRENOY J. et BRUNETEAU J. (1937), La gommose du Pêcher, *Journées de lutte chimique contre les ennemis des cultures*, vol. 38, n° 4 *bis*, octobre 1937.

DUVAL-RAFFIN M. (1971), Contribution à l'étude de l'influence du porte-greffe sur la composition minérale du greffon chez la Vigne, *Mémoire ENITA*.

HUGUET Cl. (1970), Les oligo-éléments en arboriculture et viticulture, *Ann. Agron.*, 21 (5), pp. 671-692.

HUGUET Cl. (1979), Effets des fertilisants et des conditions annuelles sur la concentration minérale des feuilles des arbres fruitiers. Colloque Nancy, mars 1979, *Document ronéotypé,* 11 pages, 7 graphiques.
HUGUET Cl. (1982), Relations entre la nutrition de l'arbre et les maladies physiologiques ou de conservation des fruits, *2e Colloque sur les recherches fruitières,* Bordeaux, 1982, pp. 137-149.
KRISNA Chatima (1963), Biochemical effects of zinc deficiency in tomato plants, *Dissert Abstr.,* 23, n° 10, p. 3618.
LEFTER G. et PASCU I. (1970), Influata factorilor climatici asutra rugozitasii si sensibilatii la rapan a soiulni Golden delicious, *Rev. Hortic. Vitic.,* n° 1970, pp. 95-100.
LEROUX P. (1982), Sélectivité des fongicides et phénomènes de résistance. In : *Les maladies des Plantes,* pp. 331-346.
LUBET E., SOYER J.-P. et JUSTE C. (1983), Appréciation de l'alimentation en zinc par la détermination du rapport : Fe/Zn dans les parties aériennes du végétal, *Agronomie,* 3, (I).
MAENNLEIN P. et BOUDIER B. (1978), Essais de lutte contre l'*Oïdium* du chêne, *Phytiatrie-Phytopharmacie,* 27, pp. 221-226.
MALMSTROM B.G. (1965), The biochemistry of copper, *Z. naturw. med. Grundt. Forsch. Schweiz,* 2, pp. 259-266.
MARCHAL E. (1902), De l'immunisation de la Laitue contre le Meunier, *C.R.Ac Sc.,* t. 135, pp. 1067-1068.
MILLARDET A. et GAYON U. (1887), Recherches sur les effets des divers procédés de traitements du mildiou par les composés cuivreux, Bordeaux, 1887, pp. 1-63.
MUDICH A., Effect of trace-elements bound to superphosphate on the resistance of Potato tubers to *Phytophthora infestans.* (Mont.) de Bary, *Acta Phyto. Ac. Scien. Hungariæ,* 2, pp. 295-302.
OLIVIER J.M. et MARTIND (1979), Les Tavelures des arbres fruitiers : problèmes posés par l'utilisation des fongicides et des variétés résistantes, *Les maladies des Plantes,* ACTA.
PENA A. et AYUSO Marie (1970), Recherche sur une probable maladie à virus : « La " virula " de l'Abricotier », *VIIIe Symposium européen sur les maladies à virus des arbres fruitiers,* pp. 85-94.
PILAND J.R. et WILLIS L.G. (1937), The stimulation of seadlings plant by organic matter, *J. Amer. Soc.,* Agron, 29, pp. 324-332.
PINON V. (1977), Observations des effets secondaires des fongicides anti-mildiou sur la Vigne (Pineau de la Loire), Problèmes de méthodologie *Diplôme ENITA* de Bordeaux.
PHYTOMA (mai 1982), Résistance des Tavelures du Pommier et du Poirier à certains fongicides, mai 1982, pp. 31-33.
POLYAKOV P. (1971), Change in sunflower under the influence of micro-elements (*Sclerotinia* L.), *Sel'skokl Biol,* t. 6, 3, pp. 471-472.
PRIMAVESI A.M., PRIMAVESI A. et VEIGA C. (1972), Influence of nutritional balances of paddy rice on resistance to Blast. *Agrochemica,* t. 16, 4/5 pp. 459-472.
PRIEST D. (1963), Viewpoints in biology, *Fongicides,* Londres, pp. 52-76.

Prusa V. et al. (1965), Nutritional effects of the Hop curl disease and comparison of the chemical compositions of diseased and healthy Hop plants, *Biologia plantarum,* t. VII, n° 6, p. 425.

Refatti C., Osler R., Franco P.G. et Moglia C. (1970), On an apple decline in Italy, *VIIIe Symposium européen sur les maladies à virus des arbres fruitiers,* Bordeaux, 1970, pp. 33-48.

Roos R.G. (1968), Amino-acids as nitrogen sources for conidial production of *Venturia inæqualis. Canad. J. Bot.,* t. 47, 12, pp. 1555-1560.

Ryser J.P. (1982), Vers l'utilisation pratique du diagnostic foliaire en viticulture et en arboriculture, *Rev. Suisse Vitic. Arboric. Hortic.,* 14 (I), pp. 49-54.

Semichon L. (1916), Action des sels de cuivre contre le mildiou, *Revue de viticulture,* t. 44, pp. 224-230 et 255-261.

Shear C.B. (1975), Calcium – related disorders : of fruits and vegetables, *Hort. Science,* t. 10, 4, pp. 361-365.

Soenen A. (1975), Les traitements contre les maladies en culture fruitière, *Symposium – semaine d'études « Agriculture et hygiène des plantes »,* Gembloux, septembre 1975.

Somers E. et Richmond D.V. (1962) Translocation of captan by broad beab plants, *Nature,* t. 194, 4834, pp. 1194-1195.

Turrel F.M. (1950), A study of the physiological effects of elemental sulphur dust on Citrus fruits, *Plant Physiol,* 25, pp. 13-62.

Van Andel (1966), Amino-acids and plant diseases, *Ann. Rev. Phytopathol.,* 4, pp. 349-368.

Vicario B.T. (1972), A study of the effect of pesticides (*2,4-D* ester, agroxine 4 and malathion) on the phosphorus, potassium, calcium and total nitrogen levels in novoliches clay loam soil, *Araneta Res. J.,* t. 19, 2, pp. 102-114.

Viel G. et Chancogne M. (1966), Sur la décomposition du manèbe, action de l'eau et de l'oxygène, *Phytiatrie-Phytopharmacie,* 15, pp. 31-40.

Villedieu G. (1932), Cuivre et mildiou, *Prog. Agric. et Vitic.,* XCVIII, 49, pp. 536-539.

Vaithilingam C. (1982), Studies on potash induced resistance against certain insect pests in Rice, *Thèse Annamalai University,* 347 p.

Williams B.J. et Boone D.M. (1963), Amino acids in relation to pathogenicity of two wild type lines to two apple varieties, *Phytopathology,* 53, pp. 979-985.

TS:
Trockensubstanz, Bezugsgröße zum Massevergleich wasserhaltiger Materialien

ppm:
Abkürzung von englisch „parts per million“, ein Millionstel

Ionen:
Elektrisch geladene Teilchen
Kation: positiv (+) geladen, Anion: negativ (–) geladen

Abszisse/Ordinate:
Waagerechter bzw. senkrechter Maßstab einer graphischen Darstellung

Korrelation:
Festgelegte wechselseitige Beziehung, meist sogar genau berechenbar

Cuticula:
Äußeres Häutchen von Abschlußgeweben

Pestizide:
Lebensgifte (besserer Ausdruck: Biozide) zur Schädlingsbekämpfung, eingeteilt in:
— Herbizide (Unkrautmittel),
— Fungizide (Pilzmittel)
— Insektizide (Insektenmittel)
— Akarizide (Milbenmittel)
— Nematizide (Wurmmittel)

Parasit:
Schmarotzendes Lebewesen, von einem *Wirt* abhängig;
der Ausdruck wird aber auch für Schädlinge allgemein gebraucht

biotische Krankheit:
Krankheit durch Schädlingsbefall

Zellvakuole:
Zellinnenraum

Phosphatase, Dehydrogenase, Amylase, Protease:
Enzyme zum Umbau von Phosphor, Wasser, Stärke, Eiweiß

Publikationen in der Schriftenreihe „Alternative Konzepte“ der Georg Michael Pfaff Gedächtnisstiftung

Perspektiven Mittlerer Technologie
Karl Werner Kieffer (Hrsg.)
1979 · Band **28** · 180 Seiten · ISBN 3-7880-9630-6

Der ökologische Landbau — eine Realität
Selbstdarstellung und Richtigstellung
Stiftung Ökologischer Landbau (Hrsg.)
2. Auflage 1982 · Band **30** · 152 Seiten · ISBN 3-7880-9633-0

Stromtarife — Anreiz zur Energieverschwendung?
Diskussionsbeiträge zur Strompreispolitik
G. Luther / M. Horn / H. J. Luhmann
1979 · Band **31** · 132 Seiten · ISBN 3-7880-9634-9

Der Ökologische Weinbau
Ein Leitfaden für Praktiker und Berater
Gerhardt Preuschen
4., überarbeitete Auflage 1986 · Band **32** · 208 Seiten · ISBN 3-7880-9711-6
Rebenmüdigkeit, Virosen, Chlorosen und neue unerklärliche Krankheiten sind einige der vielen Schwierigkeiten, vor denen der Winzer heute steht. All dies könnte vermieden werden, wenn sich der Weinbau wieder besser in die Ökosysteme einordnet. Zum erforderlichen Umdenken und Andersmachen soll dieses Buch anregen. Abgestützt auf Erfahrungen und Erkenntnisse von mehr als 30 Winzern zeigt es Wege zu einem zukunftsicheren Weinbau auf, der mit einem Minimum an Zukauf von energieverschwendenden Betriebsmitteln auskommt. Die natürliche Kette „gesunder Boden — gesunde Rebe — guter Wein“ kann wieder mit natürlichen Mitteln geschlossen werden.
Die neueste Auflage wurde um drei Praxisberichte erweitert.
Im Anhang wurden die bundesdeutschen Rahmenrichtlinien zur Erzeugung von Trauben, Saft und Wein aus ökologischem Anbau aufgenommen.

Ökonomie und Ökologie
Auswege aus einem Konflikt
Udo Ernst Simonis (Hrsg.)
4., ergänzte Auflage 1986 · Band **33** · 212 Seiten · ISBN 3-7880-9724-8
Zwischen ökonomischem Handeln und ökologischen Notwendigkeiten besteht keine ausreichende Harmonie. Aus Gründen der betriebswirtschaftlichen Rentabilität und des volkswirtschaftlichen Wachstums werden Maßnahmen unterlassen und Entscheidungen verzögert, die aus ökologischer Rücksicht und Voraussicht erforderlich sind. Das vorliegende Buch zeigt diese Probleme auf und fragt zugleich nach Auswegen aus diesem Konflikt — die sowohl im Mikrobereich als auch im Makrobereich ökonomischen Handelns ansetzen müssen.
Die 4. Auflage wurde um eine aktuelle Bibliographie zum Thema „Ökonomie und Ökologie“ (1980 bis 1985) ergänzt.

Ökologische Forschung
Wege zur verantworteten Wissenschaft
Hartmut Bossel / Wolfhart Dürrschmidt (Hrsg.)
1981 · Band **35** · 128 Seiten · ISBN 3-7880-9656-X
Fehlleistungen der etablierten Forschung führen vermehrt zur Kritik ihrer Zielsetzung, Struktur und Funktion. In diesem Buch entwickeln Wissenschaftler aus ökologischen Forschungsinstituten das Konzept einer Wissenschaft, die sich gezielt an den Erhaltungs- und Entfaltungsinteressen des ökologischen Gemeinwesens orientiert.
Das Buch enthält eine Dokumentation der Gründung der Arbeitsgemeinschaft Ökologischer Forschungsinstitute (AGÖF).

Gemeinnützige Stiftungen als unternehmerische Aufgabe
Dieter Haaß (Hrsg.)
1981 · Band **36** · 94 Seiten · ISBN 3-7880-9654-3
Gemeinnützige Stiftungen können angesichts der immer schwerer wiegenden langfristigen Probleme in Wirtschaft und Gesellschaft mögliche Alternativen zu den an allzu kurzfristigem Denken orientierten Institutionen bieten. Fachleute verschiedener Wissensgebiete diskutieren in diesem Band die bestehenden Möglichkeiten und geben vielfältige Anregungen.

Ganzheitliche Ingenieurausbildung
Eine Antwort auf die Technikkritik unserer Zeit
Pierre Fornallaz (Hrsg.)
1982 · Band **38** · 188 Seiten · ISBN 3-7880-9667-5
In diesem Buch werden Antworten auf die Fragen formuliert: Was ist der Grund der festzustellenden Technikkritik? Wie müßte eine Technik aussehen, die unserer Gesellschaft nicht nur akzeptabel, sondern erstrebenswert erscheint? Wie müßte die Ausbildung der Ingenieure gestaltet sein, die diese erstrebenswerte Technik schaffen sollen? Grundsätzliche Beiträge und die Darstellung von neuen, an Universitäten und Fachhochschulen bereits praktizierten Beispielen ganzheitlicher Ingenieurausbildung geben Anregungen für Lehrende und Studierende.

Holzvergasung
Umweltfreundliche und effiziente Energieholznutzung
Willy Bierter / Christian Gaegauf
1982 · Band **39** · 112 Seiten · ISBN 3-7880-9668-3
Ausgehend von der Bedeutung des Waldes als Ökosystem wird die Frage der nachhaltigen Holznutzung im Rahmen einer alternativen Energiepolitik diskutiert. Im Hauptteil des Buches wird der Stand der Holzvergasung als der effizientesten energetischen Holznutzungstechnik dargestellt: moderne Verfahrenstechnik, Gasgeneratoren, Gasaufbereitung und Generatorgasmotoren. Abschließend werden Richtlinien für die Weiterentwicklung der Technik der Holzvergasung formuliert sowie eine Übersicht über die europäischen Hersteller entsprechender Anlagen gegeben.

Die ökologische Landwirtschaft
Wissenschaftliche und praktische Erfahrungen einer zukunftsorientierten Nahrungsmittelproduktion
Reinhold Kickuth (Hrsg.)
3., überarbeitete Auflage 1987 · Band **40** · 208 Seiten · ISBN 3-7880-9746-9
Namhafte Fachleute vermitteln die Grundkenntnisse zu den Themenkomplexen Ökologie und Landwirtschaft, Ökonomie, Toxikologie, biologischer Landbau und Welternährung. Hierbei wird besonders eingegangen auf: ökologisch-biologische und energetische Betriebsanalysen, bodenbiologische Fragen, Verhaltensforschung in der Nutztierhaltung, Folgen der Massentierhaltung aus ganzheitlicher Sicht, Anwendung der ökologischen Landwirtschaft in den Tropen und drei Praxisberichte.

Stirbt der Wald?
Energiepolitische Voraussetzungen und Konsequenzen
Hermann Graf Hatzfeldt (Hrsg.)
1982 · Band **41** · 232 Seiten · ISBN 3-7880-9670-5
Die Existenz des Waldes ist in Mittel- und Nordeuropa bedroht. Ist die Stromerzeugung in Kohlegroßkraftwerken die eigentliche Gefahrenquelle? Welche Maßnahmen müssen und könnten ergriffen werden, um dieser Gefahr zu begegnen? Dies sind die Kernfragen, die in diesem Band von namhaften Vertretern aus Wissenschaft, Wirtschaft und Politik diskutiert werden. Es wird gezeigt, daß das ökologische Problem „Waldsterben" nicht ohne tiefgreifende Veränderungen in der Struktur der Energiewirtschaft gelöst werden kann.

Wirtschaftlichster Energieeinsatz: Lösung des CO_2-Problems
Amory B. Lovins / L. Hunter Lovins / Florentin Krause / Wilfrid Bach
1983 · Band **42** · 288 Seiten · ISBN 3-7880-9671-3
Es besteht die Gefahr, daß die Verbrennung fossiler Energieträger aufgrund erhöhter Kohlendioxid-Emissionen in kurzer Zeit zu weltweiten, katastrophalen Klimaveränderungen führen kann. Ein rationeller Energieeinsatz, der das CO_2-Risiko reduziert, beruht auf folgender Sicherheitsstrategie: Effizientere Energienutzung bewirkt die Verringerung des Gesamt-Energiebedarfs, wodurch der fossile Brennstoffverbrauch reduziert wird und der verbleibende Bedarf allmählich durch CO_2-freie erneuerbare Quellen gedeckt werden kann. Im Gegensatz zu anderen Strategien ließe sich die wirksamere Energieverwendung sofort in praktische Energiepolitik umsetzen. Dadurch könnte dieses Klima-Risiko vielleicht noch rechtzeitig vermieden werden bzw. ließen sich weitreichende Folgewirkungen (Überschwemmungen etc.) abschwächen.

Ernährung und Psyche
Erkenntnisse der Klinischen Ökologie und der Orthomolekularen Psychiatrie
Anne Calatin (Hrsg.)
2., durchgesehene Auflage 1986 · Band **43** · 104 Seiten · ISBN 3-7880-9723-X

Die Ursachen psychischer Erkrankungen sind nicht immer seelische Konflikte. Mit den physischen, ernährungsbedingten Ursachen psychischer Erkrankungen befassen sich zwei Richtungen der Medizin, die *Klinische Ökologie* und die *Orthomolekulare Psychiatrie.* Es ist bekannt, daß zahlreiche Patienten mit Depressionen, Angstgefühlen, Wahrnehmungsstörungen überempfindlich gegen Bestandteile ihrer täglichen Kost, in vielen Fällen auch gegen Umweltchemikalien in Nahrung, Trinkwasser und Luft reagieren. Durch spezifische Tests wurden Allergien auf Nahrungsmittel und Chemikalien nachgewiesen und Mangelzustände an Vitaminen und Spurenelementen festgestellt. Eine erfolgsorientierte Therapie muß sich stärker auf diese Umweltfaktoren ausrichten.

Ökologische Müllverwertung
Handbuch für optimale Abfall-Konzepte
Thilo C. Koch / Jürgen Seeberger / Helmut Petrik
2., völlig überarbeitete und erweiterte Auflage 1986 · Band **44** · 402 Seiten
ISBN 3-7880-9725-6
Auch im Bereich der Müllverwertung zeigt sich, daß ein ökologisches Konzept langfristig das ökonomisch beste ist. Gegenüber der herkömmlichen Müll*entsorgung* über Luft, Wasser und Boden werden die Vorzüge einer ökologischen Müll*verwertung* aufgezeigt. Die Gliederung nach einzelnen Müllverwertungstechniken, ein detaillierter Verfahrensvergleich mit einer Gesamtbewertung sowie die Vorstellung eines optimalen Konzepts machen dieses Handbuch zu einer wertvollen Hilfe bei der Erstellung regionaler und kommunaler Müll- und Recycling-Konzepte.
Diese *zweite, völlig überarbeitete, aktualisierte und um 100 Seiten erweiterte Auflage* gibt den gegenwärtigen Stand einer ökologisch optimierten Abfallwirtschaft wieder.

Kompostierung
Optimale Aufbereitung und Verwendung
organischer Materialien für den ökologischen Landbau
Ralf Gottschall
2., durchgesehene Auflage 1985 · Band **45** · 296 Seiten · ISBN 3-7880-9687-X
In diesem Buch werden Fragen der Kompostierung umfassend und zusammenhängend dargestellt. Dies beginnt bei den zugrundeliegenden Prinzipien und reicht über die Handhabung im landwirtschaftlichen Betrieb bis hin zu vielfältigen Nutzungen des Kompostes. Naturwissenschaftliche Erkenntnisse und die Erfahrungen der Praxis werden miteinander verknüpft.

Der Wald stirbt!
Forstliche Konsequenzen
Hermann Graf Hatzfeldt (Hrsg.)
1984 · Band **46** · 200 Seiten · ISBN 3-7880-9691-8
Das Waldsterben ist eine Folge der hohen Schadstoffbelastung des Waldes in Industrieländern. Eine rasche und drastische Entlastung, die zur Walderhaltung geboten erscheint, ist bisher nicht in Sicht. Wie verhält sich der Forstpraktiker

in dieser Situation? In diesem Buch wird zunächst ein Überblick über den derzeitigen Wissensstand bezüglich der Ursachen und Wirkungsweisen des Waldsterbens gegeben. Danach werden die Möglichkeiten und die Grenzen der Düngung und sonstiger waldbaulicher Maßnahmen diskutiert und entsprechende politische Konsequenzen daraus abgeleitet.

Ökologischer Landbau in den Tropen
Ecofarming in Theorie und Praxis
Peter Rottach (Hrsg.)
2., durchgesehene Auflage 1986 · Band **47** · 304 Seiten · ISBN 3-7880-9721-3
Wichtige Publikationen und ausgewählte Literatur engagierter Wissenschaftler und Praktiker geben einen umfassenden Einblick in Konzeption und Methoden des Ecofarming (Öko-Landbau). Besondere Beachtung wird dem Projekt „Standortgerechter Landbau in Rwanda“ zuteil. Beiträge über entwicklungspolitische Zielsetzungen und Rahmenbedingungen der tropischen Landwirtschaft sowie ähnliche, ökologisch orientierte Modelle (wie Agrarforstwirtschaft) runden die Thematik ab.

Mehr Technik — weniger Arbeit? ***Buchpreis***
Plädoyers für sozial- und *„Nürnberger Trichter“*
umweltverträgliche Technologien
Udo Ernst Simonis (Hrsg.)
1984 · Band **48** · 220 Seiten · ISBN 3-7880 9697-7
Die zunehmende Technisierung von Wirtschaft und Gesellschaft stößt bei vielen Menschen auf große Skepsis. Die Technikentwicklung wird dabei in engem Zusammenhang mit Arbeitslosigkeit und Umweltbelastung gesehen. Für eine qualitative Steuerung des technischen Wandels plädiert inzwischen der Großteil der Bevölkerung. Diesen und anderen Fragen ist dieses Buch gewidmet. Es zeigt die Tendenzen der Entwicklung von Technik und Arbeit auf und stellt Konzepte zu ihrer aktiven Harmonisierung vor: Qualitatives Wachstum, Arbeitszeitverkürzung, Humanisierung der Lohnarbeit, gesellschaftliche Aufwertung der Eigenarbeit, Technologieberatung und -kontrolle, soziale und ökologische Ausrichtung des technischen Wandels.

Allergien: Folgen von Umweltbelastung und Ernährung
Chronische Erkrankungen aus der Sicht der Klinischen Ökologie
Theron G. Randolph / Ralph W. Moss
2., durchgesehene Auflage 1986 · Band **49** · 360 Seiten · ISBN 3-7880-9722-1
Der Begründer der Klinischen Ökologie, Dr. Theron G. Randolph, schildert in Zusammenarbeit mit dem Medizinschriftsteller Dr. Ralph W. Moss die in der Schulmedizin bisher wenig diskutierten Zusammenhänge zwischen Nahrungsmitteln, Umweltchemikalien (Pestizidrückständen, Kunststoffen, Verunreinigungen von Luft und Wasser) und chronischen Erkrankungen (wie z. B. Verdauungsstörungen, Kopfweh, Rheuma, Depressionen). Die Autoren zeigen, wie Arzt und Patient diesen Krankheitsursachen auf die Spur kommen können und wie sich Patienten verhalten sollten.

Öko-Landbau — eine weltweite Notwendigkeit
Die Bedeutung der Öko-Landwirtschaft in einer Welt mit zur Neige gehenden Ressourcen
Hartmut Vogtmann / Engelhard Boehncke / Inka Fricke (Hrsg.)
1986 · Band **50** · 352 Seiten · ISBN 3-7880-9707-8
Über 300 Wissenschaftler und Praktiker aus etwa 40 Nationen trafen sich Ende August 1984 zum fünften internationalen IFOAM-Kongreß über ökologischen Landbau (IFOAM = International Federation of Organic Agriculture Movements = Internationale Vereinigung ökologischer Landbaubewegungen). Organisiert wurde der Kongreß vom Fachgebiet „Methoden des alternativen Landbaus", das seit 1981 im Fachbereich Landwirtschaft der Gesamthochschule Kassel in Witzenhausen besteht. Von den zahlreichen Referaten sind die wichtigsten für diesen Band ausgewählt worden. Sie beinhalten die wesentlichen Aspekte einer umweltschonenden und ressourcensparenden Agrikultur, wie z. B. die Erhaltung und Förderung der Bodenfruchtbarkeit, u. a. durch optimale Aufbereitung und Anwendung organischer Düngemittel, nichtchemischem Pflanzenschutz und die Verwendung von geeigneten Pflanzensorten für standortgerechte Landbausysteme. Berichte aus verschiedenen Teilen der Erde informieren über das zunehmende Interesse an der Öko-Landwirtschaft.

Autoverkehr 2000
Wege zu einem ökologisch und sozial verträglichen Straßenverkehr
Helmut Holzapfel / Klaus Traube / Otto Ullrich
1985 · Band **51** · 210 Seiten · ISBN 3-7880-9712-4
Ausgehend von einer Analyse der negativen Folgen des Autoverkehrs (Unfälle, Lärm, Luftbelastung, Energie- und Flächenverbrauch) wird die Geschwindigkeit als wesentlicher verursachender Faktor dieser Folgen ausgemacht. Eine Abschätzung zeigt, daß eine verschärfte und technisch unterstützte Geschwindigkeitsbegrenzung die negativen Auswirkungen der Autonutzung erheblich vermindern würde. Daß für eine ausreichende ökologische und soziale Verträglichkeit des Verkehrs jedoch auch das Volumen des motorisierten Individualverkehrs verringert werden müßte, zeigt das Schlußkapitel.

Waldschäden durch Radioaktivität?
Synergismen beim Waldsterben
Günther Reichelt / Roland Kollert
Mit einem Vorwort von *Hermann Graf Hatzfeldt*
1985 · Band **52** · 220 Seiten · ISBN 3-7880-9713-2
Ist Radioaktivität bei dem komplexen Zusammenwirken verschiedener Ursachen des Waldsterbens beteiligt? Welche Rolle spielen dabei synergistische Effekte, also sich wechselseitig verstärkende Wirkungen?
In Teil 1 wird aufgrund von Waldschadenskartierungen gezeigt, daß in der Umgebung kerntechnischer Anlagen ein erhöhtes Waldsterben zu verzeichnen ist. In Teil II wird die physikalische und chemische Bedeutung der natürlichen und künstlichen Radioaktivität für synergistische Kombinationswirkungen in

der verunreinigten Atmosphäre untersucht. Aus beiden Studien resultieren Konsequenten zur Reduktion der Emission aller Luftschadstoffe einschließlich radioaktiver Edelgase.

Ökologische Tierhaltung
Theoretische und praktische Grundlagen für die biologische Landwirtschaft
Hans Hinrich Sambraus / Engelhard Boehncke (Hrsg.)
1986 · Band **53** · 280 Seiten · ISBN 3-7880-9726-4
Im 1. Teil werden ethische und ethologische Fragen diskutiert. Anschließend werden im 2. Teil praktische Hinweise für die Tierhaltung, -züchtung und -ernährung von Rind, Schwein und Huhn gegeben; dabei steht die Eingliederung in das Ökosystem des biologischen Landbaus immer im Vordergrund.

Computer und Ökologie
Eine problematische Beziehung
Hartmut Bossel / Karl-Heinz Simon (Hrsg.)
1986 · Band **54** · 244 Seiten · ISBN 3-7880-9728-0
Welche Möglichkeiten bieten Computer für die Bewältigung der wachsenden Umweltprobleme? Welche Kriterien müssen an die Entwicklung von Informationstechnologien gestellt werden, damit keine gesundheitlichen und sozialen Schäden durch einen vermehrten Computereinsatz hervorgerufen werden? Beschleunigt die computerisierte Wirtschaft die Umweltschäden, oder kann sie diese umgekehrt eindämmen? Welche neuen Erkenntnisse lassen sich durch die Ökosystemforschung gewinnen? Der Band enthält Beiträge über den Zusammenhang von modernen Informations- und Kommunikationstechniken mit Ökologie und Umweltschutz.

Mehr autonome Produktion — weniger globale Werkbänke
Mit einem Blick in die Zukunft:
Bericht von der „Alternativen Weltwirtschaftskonferenz" im Jahr 2003
Willy Bierter
1986 · Band **55** · 172 Seiten · ISBN 3-7880-9738-8
Welche Möglichkeiten eröffnen sich, lebensfreundlichere Formen des Zusammenwirkens von lebendiger Arbeit, Technologie und sozialer Organisation zu schaffen? Der Autor analysiert die Entwicklung der Massenproduktion von den Anfängen bei Ford bis zur heutigen weltumspannenden Produktion und wagt einen originellen Ausblick auf die mögliche technisch-wirtschaftliche Zukunft.

Altlasten
Handbuch für den Umgang mit Altablagerungen und kontaminierten Standorten
Dietmar Barkowski / Petra Günther / Eckart Hinz / Ralf Röchert
1987 · Band **56** · 280 Seiten · ISBN 3-7880-9739-6
Im Abfall von gestern tickt in vielen der 50 000 bis 300 000 Altlasten der Bundesrepublik eine chemische Zeitbombe. Dieses Handbuch vermittelt Kommunen,

Firmen und interessierten Bürgern Wissen über die Möglichkeiten der Erkennung und Untersuchung gefährlicher Altlasten, die Abschätzung des Gefährdungspotentials und die verschiedenen Sanierungstechniken.

Wohnbiotop
Energiesparendes Studentenwohnheim
Heinrich Eissler / Wolf Hoffmann
1987 · Band **57** · ca. 350 Seiten · ISBN 3-7880-9740-X
Das Buch dokumentiert den Bau eines nach ökologischen Prinzipien konzipierten Studentenwohnheims in Kaiserslautern: Energieeinsparung im Heiz- und Warmwasserverbrauch, passive Solarnutzung mit neuartigen Speichereinheiten, Heizexperimente mit neuentwickelten Flächenheizungen, Selbsterfahrung der Studenten beim Bau im Rahmen ihres Studiums, Bewohnerverhalten und -erfahrungen im Zusammenleben mit Pflanzen in einer Gewächshaus-Klimahülle.

Beikrautregulierung statt Unkrautbekämpfung
Methoden der mechanischen und thermischen Regulierung
Manfred Hoffmann / Bernward Geier (Hrsg.)
1987 · Band **58** · 178 Seiten · ISBN 3-7880-9742-6
Die Herausgeber haben 1985 und 1986 zwei internationale IFOAM-Konferenzen zu Fragen einer ökologisch orientierten Unkrautregulierung organisiert. Für dieses Buch wurden die wichtigsten für die Praxis verwertbaren Beiträge ausgewählt und überarbeitet. Zwei weitere Aufsätze befassen sich mit der Bedeutung der Begleitflora und zeigen einen Vergleich des Ackerunkrautbesatzes und dessen Kontrolle auf ökologisch und konventionell bewirtschafteten Böden.

Pflanzengesundheit und ihre Beeinträchtigung
Die Schädigung durch synthetische Dünge- und Pflanzenbehandlungsmittel
Francis Chaboussou
1987 · Band **60** · 160 Seiten · ISBN 3-7880-9741-8
Warum erkranken Pflanzen? Der französische Forscher F. Chaboussou hat sein Leben dieser Frage gewidmet. Er beschreibt in diesem Werk die Ursachen der gegenwärtigen Zunahme der Pflanzenkrankheiten und Schädlingsprobleme. Eine dieser Ursachen bilden die Pestizide, die hier mit zahlreichen Beispielen auf der Anklagebank stehen. Die andere Ursache liegt in dem Stoffwechsel der Pflanzen, die durch „moderne" Anbauverfahren aus dem Gleichgewicht gebracht werden. Aus diesen Erkenntnissen zeigt der Autor neue Wege zur Pflanzengesundheit ohne Pestizide.

Die *Schriftenreihe „Alternative Konzepte"* wird von der **Georg Michael Pfaff Gedächtnisstiftung** in Zusammenarbeit mit der **Stiftung Mittlere Technologie** und der **Stiftung Ökologischer Landbau** herausgegeben. Sie ist im Buchhandel erhältlich und erscheint im **Verlag C. F. Müller**, Postfach 43 20, Amalienstr. 29, 7500 Karlsruhe 1. (Bei Interesse bitte ausführliches, kostenloses Verzeichnis anfordern.)